pauker.

W0210081

Abschluss2023
Realschulprüfung Hessen

Name:

Schule:

Klasse:

hutt
lernhilfen

hutt.lernhilfen ist eine Marke der
Bergmoser + Höller Verlag AG
Karl-Friedrich-Straße 76
52072 Aachen

T 0241 93888123
F 0241 93888188
kontakt@buhv.de

Umsatzsteuer-Id.Nr.: DE 123600266
Verkehrsnummer: 10508
Handelsregister Aachen HRB 8580

Vorstand:
Andreas Bergmoser
Peter Tiarks

Aufsichtsratsvorsitz:
Holger Knapp

Autorinnen/Autoren:
Isolde Beste, Jonathan Grimm, Jasmin Johner (Deutsch)
Maike Grimm, Günther Wirth, Werner Wirth (Mathematik)
Andreas Danner, Gabriele Flockton-Lambert, Joachim Krick,
Annika Leal Mayer (Englisch)

Lektorat:
Isolde Beste, Gabriele Flockton-Lambert,
Jasmin Johner, Claus Keller, Kevin Koch, Dr. Gerd Kogel,
Wolfgang Kolander, Magdalena Noack, Bärbel Otto

Gestaltung: Hanne Hutt

Umschlag:
Konzeption + Gestaltung:
Hanne Hutt
Fotografie:
Anna Leippe

Ausgabe 2022/2023

ISBN: 978-3-88997-876-9

klimaneutral
Printprodukt
natureOffice.com | DE-077-178633

KEINE MACHT DEN DROGEN

Inhaltsverzeichnis

Deutsch – Lösungen

Die Lösungsvorschläge in den Schreibaufgaben sind als Orientierungshilfen gedacht. Andere Lösungen werden dadurch keineswegs ausgeschlossen.

Mathematik – Lösungen

Die Lösungswege in Mathematik orientieren sich am Bildungsplan des Realschulbildungsgangs Hessen.

Englisch – Lösungen

Die Lösungsvorschläge im Teil „Text Production" sind als Orientierungshilfen gedacht. Andere Lösungen werden dadurch keinesfalls ausgeschlossen.

Teil I: Lesen

1. Geschlossene Aufgabenformate

1. Richtige Antwort ankreuzen

a) ☒ erinnern, reagieren und konzentrieren.
b) ☒ kognitive Fähigkeiten.
c) ☒ eine Stunde Bewegung pro Tag.
d) ☒ 4520

2. Richtige Aussage ankreuzen

☒ Nur B und E sind richtig

3. Richtige Aussage ankreuzen

☒ A, B und D sind richtig.

4. Trifft zu, trifft nicht zu

Aussage	Trifft zu	Trifft nicht zu
Der Autor ist ein fleißiger Schüler.		x
Der Autor sagt, dass er seine Hausaufgaben später mache.	x	
Die Mutter verlangt, dass der Sohn mehr lerne.	x	
Als der Vater zur Tür hereinkommt, ist der Autor gerade in sein Tagebuch vertieft.	x	
Im Gespräch zwischen Vater und Sohn geht es um die Zukunft des Sohnes.	x	
Der Autor weiß genau, was er in Zukunft machen will.		x

5. a) Nummerieren

Nummer	Aussage
1	Hast du deine Aufgaben gemacht?
3	Leben heißt arbeiten, arbeiten und arbeiten und immer wieder arbeiten.
5	Eine peinliche Spannung trat ein.
8	Das Leben ist kein Spaß.
4	Es war eine Zukunftsstadt, eine utopische Metropole.
2	Ich dulde keinen Widerspruch.
9	Es ist Schluss mit den Träumereien.
6	Zum Studieren fehlt dir jede Ausdauer, du gehörst ins praktische Berufsleben.
7	Leben war Ernst, Mühe, Verantwortung.

b) Buchstaben zuordnen

Buchstabe	Aussage
A	Hat Angst vor Schande.
C	Sucht nach anderen Mitteln des Ausdrucks.
B	Hat ein graues und vergrämtes Gesicht.
A	Erleidet schlaflose Nächte.
C	Hat ein verlegenes, stereotypes Grinsen.
B	Schlägt mit der flachen Hand auf den Tisch.

6. Richtige Antwort ankreuzen

a) ☒ Er liegt auf dem Sofa und starrt auf einen Farbdruck an der Wand.
b) ☒ Mit einem Wappenschild.
c) ☒ … ich einmal mit dir über Berufsfragen sprechen muss."

7. Richtige Antwort ankreuzen

a) ☒ Mit seinen Sorgen.
b) ☒ asphaltglatt und Menschentrichter
c) ☒ Die, die es vergaßen
d) ☒ Städte
e) ☒ Was war das?

8. Richtige Stilmittel zuordnen

Buchstabe	Aussage
D	Wenn du zur Arbeit gehst / am frühen Morgen (Zeile 1 f.)
B	die Seele klingt (Zeile 19)
A	Es kann ein Feind sein, / es kann ein Freund sein, / es kann im Kampfe … (Zeile 31 – 33)
C	da zeigt die Stadt … (Zeile 5)

9. Richtige Aussage ankreuzen

☒ A, C, D, E und F sind falsch.

10. Richtige Aussage ankreuzen

☒ A und B sind richtig.

2. Halboffene Aufgabenformate

2.1 Zuordnen und Erläutern

1. Robert L. beschreiben

Textabschnitt	Lebenssituation	Beschreibung
1	Wie wird Robert von 13/14 bis zu seinem 20. Lebensjahr beschrieben?	▶ Haare kurz geschoren ▶ Springerstiefel und Bomberjacke ▶ rechtsradikal seit dem 14. Lebensjahr ▶ lebt mit Parolen
4	Was hat er als 13-Jähriger erlebt?	▶ ist von türkischen Jugendlichen verprügelt worden ▶ erlebt ein Gefühl der Hilflosigkeit ▶ hat ein undifferenziertes Feindbild ▶ trifft auf einen NPD-Mann bei einer Feier, zum passenden Zeitpunkt ▶ neue Gruppe fängt ihn auf ▶ fühlt sich bei der NPD willkommen ▶ einiges ist schiefgelaufen ▶ Opfererfahrungen
6	Auszug von zuhause mit etwa 25 Jahren	▶ Streit mit Eltern ▶ Streit mit Freunden ▶ Schlägereien ▶ Folgen: prall gefülltes Vorstrafenregister ▶ wegen schwerer Körperverletzung vor Gericht ▶ will nicht ins Gefängnis (mildernde Umstände, da er bereit ist, Mittäter zu benennen) ▶ bekommt Auflage: Anti-Gewalt-Training bei Stefan Werner ▶ Einstellung ändert sich ▶ Einsicht: „Hass auf Ausländer, Juden, Linke … nicht mehr nachvollziehbar."
1 2	Robert heute mit 29 Jahren	▶ freundlich ▶ wohnt in einem alten Häuschen ▶ baut es aus ▶ hat Frau und Kind ▶ gelernter Fliesenleger ▶ als Mitarbeiter „wichtiger Baustein im Anti-Gewalt-Training"

2. Tabelle ergänzen

Textabschnitt	Themen	Gründe
2	Weg in den Rechtsextremismus	Flucht vor der Realität
2 3	Weg aus dem Rechtsextremismus zurück zur Mitte, in ein normales Leben	Die rechte Szene war kein Gewinn. Veranschaulichung an Aussteigern schreckt ab. Gespräche allein sind nicht ausreichend. Es gilt, die Bedürfnisse der Jugendlichen aufzuzeigen. Was können Freundschaften bedeuten? Wie finde ich meinen Platz in der Gruppe? Wie kann man Mobbing verhindern? Bei Problemen muss in der Schule geholfen werden, Jugendliche dürfen nicht an den Rand der Gemeinschaft gedrängt werden. Wird jemand Außenseiter, muss man sich umso mehr um ihn kümmern.

3. Textstellen zuordnen

a) „Die rechte Szene darf kein Gewinn für Jugendliche sein." (Zeile 27 f.)

b) „In meinen Seminaren wird nicht viel über Rechtsextremismus diskutiert", erklärt er. (Zeile 31 f.)

c) „Als 13-Jähriger bin ich oft von türkischen Jugendlichen verprügelt worden", sagt Robert. (Zeile 53 f.)

d) „Information ist ein Schwerpunkt unserer Arbeit. Mit Aufklärung kann man viel erreichen", sagt Patzke. (Zeilen 74 ff.)

4. Begriffe und Aussagen im Textzusammenhang erläutern

a) stumpfe Parolen
Damit ist gemeint, dass er abgedroschene Redewendungen verwendet, um seinem Fremdenhass Ausdruck zu verleihen.

b) leicht über die Lippen gehen
Das bedeutet, dass er, ohne groß nachzudenken, seinem Hass verbal Ausdruck verliehen hat. Es fiel ihm leicht, rechts zu sein.

c) an den Rand der Gemeinschaft gedrängt werden
Wer sich am Rand der Gesellschaft befindet, hat in ihr keinen richtigen Platz. Bestimmte Gruppen werden durch Ausgrenzung oder Mobbing zu Außenseitern und laufen dadurch Gefahr, in ein gefährliches Umfeld abzurutschen.

d) Er hat Opfererfahrung gemacht.
Das bedeutet im Fall von Robert, dass er in jungen Jahren von türkischen Jungs verprügelt wurde. Er war somit Opfer ihrer Gewalt.

e) ein undifferenziertes Feindbild
Damit ist gemeint, dass jemand generell etwas gegen einen bestimmten Typ Mensch, eine Rasse, ein Geschlecht, eine sexuelle Neigung oder Ähnliches hat. Er unterscheidet nicht von Fall zu Fall und Person zu Person.

f) Programme setzen bei den Multiplikatoren der Jugendarbeit an.
Da man nicht jeden einzelnen Jugendlichen ansprechen kann, wendet man sich an deren „Multiplikatoren". Das heißt, es werden zusätzlich gezielt Menschen in die Präventionsarbeit mit eingebunden, die mit Jugendlichen arbeiten, sich mit ihnen beschäftigen oder zu denen die Jugendlichen Vertrauen haben. Im Text werden zum Beispiel Sozialarbeiter, Lehrer oder Polizisten genannt.

5. Eigenschaften zuordnen und begründen

Eigenschaft	Zeilenangabe	Begründung
Ständige Präsenz	Zeile 5 f., 13 ff., 19 f.	Egal wo man sich aufhält, Reklame erreicht einen überall.
Überzeugend	Zeile 21 f.	Durch die ständige Konfrontation mit dem Produkt wird der Kunde schwach und kauft es schließlich.
Vielfältig	Zeile 6, 16 ff., 20	Um den Kunden zu gewinnen, ist jedes Mittel recht. Daher wird in der Werbeindustrie mit Farben, Sprüchen oder Lichtern gearbeitet.
Zweckentfremdet	Zeile 25 f.	Da das Produkt eigentlich gar nicht gebraucht wird, sucht man einen Grund, wofür man es doch noch brauchen könnte.

2.2 Textmerkmale

1. Formaler Aufbau und Sprache des Gedichts

- Gedicht besteht aus nur einer Strophe
- kein Reimschema
- viele Enjambements

2. Äußere Gestaltung, formale Elemente und Sprache

- Erlebnisbericht/Ereignisbericht: Überschrift in wörtlicher Rede (Zitat) „Meine Welt steht Kopf", fett gedruckt; kurze Zusammenfassung darunter aus neutraler Perspektive, ebenfalls fett gedruckt
- Aufteilung des Berichts in sechs Abschnitte
- Verfasser des Artikels: Tom, 16 Jahre alt und Austauschschüler in Chile
- kompletter Bericht im Erzählstil (Ich-Form) gehalten, Anführungszeichen am Anfang und am Ende des Textes
- genaue Beschreibung der Ereignisse der letzten vier Tage
- Wechsel von Innen- und Außensicht (z. B. erster Abschnitt)
- Wechsel des Tempus (Zeitform): Rückblicke z. B. auf Erdbeben im Präteritum (Zeilen 13 – 45), jetzige Situation im Präsens (Zeilen 46 – 72)
- Lebendige und beschreibende Sprache: „Situation … ist furchtbar" (Zeile 6 f.), „spürten pure Angst" (Zeile 31), „fängt mein Herz an zu rasen" (Zeile 67 f.)
- viele Satzgefüge

3. Merkmale einer Kurzgeschichte

- Unvermittelter Einstieg: „Mit einem Schlag war es Frühling." (Zeile 1) oder „Vater stand jetzt wieder früher auf …" (Zeile 7)
- Kurze, szenenartige Darstellung: 1. Sitzen auf der Bank und Geschichten erzählen oder Besuch der Affen im Zoo bei schlechterem Wetter (Zeilen 7 – 17); 2. Einführung des Gibbons (Zeilen 18 – 26); 3. Nüsse vom Gibbon als Nahrungsspende (Zeilen 27 – 41); 4. Vater und Sohn kaufen Rosinen für den Gibbon und bekommen diese von ihm zurück (Zeilen 42 – 52); 5. Verschwinden des Gibbons (Zeilen 52 – 58); 6. Banane als Opfer (Zeilen 59 – 67)
- Personen werden nicht näher charakterisiert: Vater (z. B. Zeile 7), der Mann an der Kasse (Zeile 13), der Zoodirektor (Zeile 53) …
- Offener Schluss: „wir hofften damit zu erreichen, dass dem Gibbon kein Unglück passierte." (Zeile 66 f.)

2.3 Erklären, Deuten, Belegen und Begründen

1. Zitate finden und belegen

a) Die Freiheiten liegen für Jugendliche zum einem in bisher verbotenen Dingen wie „Zigaretten holen gehen" (Z. 9), „endlich Auto fahren" (Z. 12) oder „Fußball in Raucherkneipen schauen, nach 22 Uhr ins Kino gehen, DVDs und Spiele aus dem Regal ‚FSK 18' kaufen." (Z. 14 ff.) Aber sie freuen sich auch auf die Freiheit, ihren Tagesablauf selbst zu bestimmen, der Sohn des Erzählers nennt hier die Tätigkeiten „‚ausschlafen' und ‚chillen'". (Z. 68)

b) Schon die Überschrift „Der 18. Geburtstag – und die neue Freiheit für Eltern" zeigt, dass es auch für Eltern Vorteile gibt, wenn ihre Kinder erwachsen werden – nämlich neue Freiheiten wie z. B. außerhalb der Saison Urlaube buchen: „Wir haben sofort außerhalb der Ferien gebucht und ein Kerzlein für erweiterte Lebensqualität angezündet." (Z. 52 ff.). Außerdem haben sie Zeit, „sich wieder mehr auf sich [zu] besinnen" (Z. 65 f.) Ein Ausdruck der Freude sind auch die Textstellen „Wir waren erleichtert, ein wenig stolz, …" (Z. 41 f.) und „… und riefen ‚Juchu!'" (Z. 52).

2. Aussage erklären und belegen

Mit dieser Aussage wird augenzwinkernd darauf hingewiesen, dass Verbote besonders für Jugendliche reizvoll sind, weil diese gerne ihre Grenzen testen. Wenn man ihnen alltägliche Pflichten wie Geschirrspüler ausräumen verbieten würde, „wäre das für Jugendliche bestimmt so unwiderstehlich, wie heimlich Alkohol beim Späti zu kaufen." (Z. 19 ff.) Der Erzähler behauptet, dass Jugendliche bestimmte Dinge nur tun, weil sie verboten sind, um zu provozieren und sich von den Eltern abzugrenzen: „Auch das Mitbringen von Brot, Joghurt, Tiefkühlpizza aus dem Supermarkt dürfte erst ab 18 erlaubt sein, dann könnte man seinen Eltern eins auswischen, indem man sich kühn widersetzt." (Z. 27 – 30). Neben diesen ironischen Beispielen wird auch eins aus dem Alltag des Erzählers angegeben: „…nachdem er uns kokett geärgert hatte mit der Erklärung, er würde auf keinen Fall wählen, zu viel Aufwand. Oh ja, Nils weiß, welche Knöpfe er drücken muss." (Z. 36 ff.) Dies spiegelt die kleinen Kämpfe wider, die Eltern und Kinder in der Zeit des Heranwachsens miteinander austragen.

3. Aussage erklären und belegen

Der Erzähler meint, dass der 18. Geburtstag für seinen Sohn keinen großen Einschnitt darstellt, bzw. „nur ein bisschen" (Z. 33). Er führt weiterhin an, dass die Volljährigkeit für die Älteren eine größere Bedeutung hatte: „… weniger als in meiner Generation. Auto fahren etwa interessiert ihn nicht, wählen durfte er in Berlin bereits auf Lokalebene …". (Z. 33 ff.) Dieses Beispiel zeigt, dass Jugendliche heutzutage schon viele Freiheiten besitzen oder nicht auf sie angewiesen sind, wie z. B. Auto fahren, wenn man in einer Stadt mit einem gut ausgebauten öffentlichen Verkehrsnetz wohnt. Deshalb steht im Text, „dass der Einschnitt für Eltern größer ist als für die Kinder." (Z. 40 f.) Außerdem heißt es, „dass mit dem 18. Geburtstag eher keine große Vernunftbildung einhergeht." (Z. 70 ff.) Der Einschnitt zum Erwachsenenalter ist also deshalb nicht so groß, weil Jugendliche häufig noch nicht so viel Verantwortung übernehmen und somit für die Eltern „genug Sorgenpunkte übrig" bleiben. (Z. 73)
Allerdings gibt es auch wichtige Rechte, die im Text nicht aufgeführt sind: Mit 18 Jahren kann ich mir z. B. endlich meine eigene Wohnung suchen. Wenn ich in der Ausbildung bin, möchte ich mir mein eigenes Leben aufbauen, da ist eine eigene Wohnung für mich sehr wichtig. Außerdem darf ich auch erst dann Vollzeit arbeiten und mein Geld selbstständig verwalten.

4. Überschrift erläutern

Die Überschrift „Die Kunst des Briefes" beinhaltet schon eine sehr konkrete Aussage. Denn bereits darin ist der künstlerische und somit individuelle Charakter eines Briefes enthalten. Unter Kunst versteht man im Allgemeinen etwas Besonderes, etwas Bewundernswertes. Die Aussage beinhaltet aber auch, dass der Brief selbst ein Kunstwerk ist. Der Briefschreiber steht erstmal im Hintergrund. Stefan Zweig möchte damit auf die Einzigartigkeit eines jeden Briefes hinweisen.

5. Gründe für in Vergessenheit geratenes Briefschreiben

Das Briefschreiben ist in Vergessenheit geraten, weil es inzwischen viele andere Möglichkeiten gibt, sich anderen mitzuteilen. Der Text nennt als „ersten Vernichter" die Zeitung: „Ihr erster Vernichter war die Zeitung" (Zeile 20). Dort kann sich jeder schnell über Neuigkeiten informieren. Es handelt sich nicht um ein Einzelstück wie den Brief, sondern um ein Massenmedium: „… Nachrichten, … , die in sachlicher und kalter Form dem Massengebrauch dargeboten werden." (Zeilen 21 – 24) Als zweiten Grund führt Stefan Zweig die Schreibmaschine an: „… die Schreibmaschine, die das Wort entseelt" (Zeile 24 f.). In ihr sieht er den Untergang der mit Leben und Persönlichkeit erfüllten Sprache, da die Individualität der Handschrift fehlt. Der dritte Grund ist das Telefon, „wo die Menschen nun mit der ihnen zugemessenen Hast alles einander berichten können, …" (Zeile 28 ff.). Durch das Telefon werden die Informationen in Eile und ohne wohlüberlegte Ausformulierung weitergegeben.

6. Textabsicht

Meiner Meinung nach verfolgt der Text die Absicht, den Leser aufzufordern, wieder öfter zu Stift und Papier zu greifen, um einen Brief zu schreiben. Er möchte das Bewusstsein für die Einzigartigkeit des persönlichen Wortes schulen: „… vielleicht sind manche der seelenvollsten Mitteilungen unserer Zeit nur darum verloren, weil wir diese Kunst des Briefes verlernt zu haben scheinen". (Zeile 68 ff.)

Viele von uns fühlen sich ertappt. Denn die meisten von uns schreiben doch eher selten einen handschriftlichen Brief. Diejenigen, die es dennoch tun, finden dagegen in diesem Text Zuspruch und Bestätigung.

Sicher ist, dass im Zeitalter der modernen Medien die Bedeutung eines handgeschriebenen Briefes leicht in Vergessenheit gerät. Wenn man mal überlegt, dass heute schon per SMS eine Beziehung beendet wird oder die Liebeserklärung per E-Mail eintrifft, ist das schon eine erschreckende Wendung. Daher ist die Rückbesinnung auf den Wert des Briefes sicher ein guter Ansatz.

7. Aussage des Gedichts erklären

Erich Kästner beschreibt in seinem Gedicht, dass in jedem Menschen noch ein Stück Affe steckt. Kästner beschreibt unsere Herkunft mit den Worten „Einst haben die Kerls auf den Bäumen gehockt" (Zeile 1). Zwar breitet sich die Zivilisation dann aus, aber der Umgangston erinnert zeitweise immer noch an das Schreien der Affen: „Und es herrscht noch genau derselbe Ton / wie seinerzeit auf den Bäumen" (Zeile 9 f.). Im Verlauf des Gedichts beschreibt Kästner die Entwicklung, die die Menschheit durchgemacht hat: „Die Erde ist ein gebildeter Stern" (Zeile 14), „Sie versehn die Natur mit allem Komfort" (Zeile 18). Aber am Ende schlägt er dann doch wieder den Bogen zum Ursprung aus der Tierwelt. Sein Fazit lautet: „bei Lichte betrachtet sind sie im Grund / noch immer die alten Affen" (Zeile 29 f.). Die Aussage des Gedichts ist somit, dass in jedem von uns immer noch ein Tier steckt. Und so sehr wir uns auch um Fortschritt, Technologien oder Entwicklung bemühen, im Kern sind wir eben alle nur Affen.

8. Passende Aussage begründen

Meiner Meinung nach passt die Aussage „Erich Kästner setzt sich in seinem Gedicht mit dem Fortschritt der Menschheit auseinander" am besten, weil zum einen Kästner selbst in der letzten Strophe diesen Grund anführt und zum anderen sich das gesamte Gedicht nur mit dem Tun der Menschen beschäftigt. Der Mensch als treibende Kraft für die Entwicklung seiner Art. Es wird deutlich, dass ohne den Fortschritt der Menschheit auch kein Fortschritt der Umwelt oder der Wirtschaft möglich wäre. Allerdings macht Erich Kästner auch darauf aufmerksam, dass ganz nüchtern betrachtet sich zwar der Geist und die Sprache der Menschen geändert haben, genau betrachtet sind sie aber „noch immer die alten Affen." (Zeile 30) Ich denke, dass er damit ausdrücken möchte, dass der Fortschritt der Menschheit noch lange nicht abgeschlossen ist und es vielleicht auch nie endgültig sein wird.

9. Beispiel für Fortschritt darstellen

Der für mich persönlich am rasantesten verlaufende und auch immer wichtiger werdende Fortschritt ist das Handy. Zuerst war es nur möglich, mit einem Schnurtelefon zu kommunizieren, dann gab es schnurlose Telefone. Die nächste Entwicklungsstufe brachte riesige Handys hervor. Nach kurzer Zeit wurden diese immer kleiner und konnten immer mehr. Heute kann man mit Handys fast alles machen, z. B. im Internet surfen, E-Mails verschicken oder Musik abspielen. Keiner kann sich mehr ein Leben ohne seinen Multimediabegleiter vorstellen. Allerdings ist und bleibt der, der ihn bedient, ein Mensch. Dieser lernt immer mehr technische Dinge dazu. Aber in seinem Verhalten gegenüber seinen Mitmenschen scheint er sich nicht weiterentwickelt zu haben.

Teil II: Schreiben

A. Textproduktion

Verfassen eines eigenen Textes

1. Stellungnahme

Max Frisch stellt mit seiner Aussage das Reisen auf eine sehr einseitige Art dar. Natürlich dient das Reisen auch dazu, aus seinem gewohnten Umfeld herauszukommen. Aber es darauf zu beschränken, dass wir nur reisen, damit wir Menschen begegnen, die nicht schon alles von uns wissen, halte ich für falsch. Vielmehr bietet das Kennenlernen neuer Menschen und deren Kulturen die Möglichkeit, unseren eigenen Horizont zu erweitern. Durch eine Reise erhalten wir neue Impulse und setzen uns Einflüssen aus, die unsere Persönlichkeit weiterentwickeln können.

Mit der Aussage, dass wir durch das Reisen erfahren, was alles möglich ist, gebe ich Max Frisch recht. Manchmal ist eine Reise ja auch ein Aufbruch in etwas Ungewisses. Vielleicht handelt es sich dabei um eine schwierige Wanderung. Während der Reise wachsen wir über uns hinaus und merken, was für Fähigkeiten in uns stecken. In diesem Moment erleben wir, dass in unserem Leben vieles möglich ist. Die im letzten Satz von Max Frischs Aussage mitschwingende Traurigkeit teile ich hingegen nicht. Denn ich bin nicht der Meinung, dass im Leben nur wenig möglich ist. Es zählt vielmehr das, was man aus seinem Leben macht. Und in diesem Zusammenhang halte ich es für belebend, auf Reisen zu gehen.

2. Brief schreiben

Lieber Papa,

nun ist es also so weit: Unser jüngster Sohn – dein Enkel Nils – ist volljährig. Erwachsen, wie man so schön sagt.
Wenn ich an meinen 18. Geburtstag zurückdenke, überkommt mich ein richtiges Kribbeln. Monatelang habe ich der Volljährigkeit entgegengefiebert: Endlich wählen, endlich Auto fahren, endlich Unabhängigkeit! Dieser Tag war ein einschneidendes Ereignis – der Beginn von etwas Neuem. Mein Ticket in die Freiheit.
Und wie ist es bei Nils? Den Führerschein möchte er nicht machen – die S-Bahn fährt schließlich überall hin und zur Not können wir ihn ja mal nachts von einer Party abholen. Wählen durfte er hier bereits auf Lokalebene. Da können wir froh sein, dass er sich überhaupt auf-

raffen konnte, sein Kreuzchen zu setzen – angeblich zu viel Aufwand. Die großen politischen Veränderungen strebt er also auch nicht an. Apropos anstreben: Fragt man ihn nach seinen Lebenszielen nach der Schule, antwortet er: „ausschlafen" und „chillen". Überhaupt scheinen ihn nur die Dinge zu locken, die bisher den Reiz des Verbotenen hatten: nachts durch die Clubs ziehen, Alkohol und Zigaretten im „Späti" kaufen, Filme mit Altersbeschränkung schauen …
Mit Erwachsensein und Verantwortungsgefühl hat das nicht viel zu tun. Bei der Mithilfe im Haushalt würde ich mir auch etwas mehr Engagement wüschen. Manchmal denke ich, Hausarbeit sollte verboten werden – dann würden sich alle darauf stürzen. Und auch sonst lässt sich Nils weiterhin von uns umsorgen, ans Ausziehen denkt er überhaupt nicht.
Da stellt sich mir die Frage, welche Bedeutung der 18. Geburtstag für die Jugendlichen heutzutage eigentlich hat? Die Unabhängigkeit lässt auf sich warten und die Wörter „erwachsen" oder „Verantwortung" klingen ebenfalls noch fremd.
So scheint es mir, dass der Einschnitt für uns als Eltern wesentlich größer ist. Für uns heißt es nun „loslassen" – für die vielen Helikopter-Eltern sicherlich keine leichte Aufgabe. Wenn sich unsere Kinder die Freiheit nicht mehr erkämpfen, müssen wir sie ihnen geben.
Denn ganz unter uns – auch für uns ergeben sich neue Freiheiten, ungeahnte und lang vermisste Möglichkeiten: Als Nils uns verkündete, dass er ab jetzt nicht mehr mit uns in den Urlaub wolle, wussten wir, dass damit ein wichtiger gemeinsamer Abschnitt zu Ende geht. Gleichzeit haben wir heimlich einen kleinen Freudentanz aufgeführt. Endlich können wir einen Urlaub in der Nebensaison buchen, können ausgiebige Museumsbesuche planen und müssen nicht mehr auf einen muffeligen Teenager Rücksicht nehmen. Damit haben wir ein Stück Freiheit zurückgewonnen.
Da saß also mein jüngster Sohn an seinem Geburtstagstisch, lauschte Kinderliedern und mampfte den traditionellen Rüblikuchen – alles wie immer also. Oder fast. Denn wie ich ihn so beobachtete, fühlte ich Stolz. Und ein bisschen Erleichterung. Die Zeit der Kinderkrankheiten und Elternabende lag nun nämlich hinter uns, aber er wird uns als Eltern trotzdem noch brauchen.
Lieber Papa, jetzt bin ich natürlich gespannt auf deine Sicht der Dinge. Wie war das denn früher bei mir? Sicher ist meine Generation wesentlich politischer, aber die Bedingungen waren bei dir sicherlich noch mal härter. Und vielleicht trübt mich auch meine Erinnerung und ich war auch nicht auf einen Schlag erwachsen?
Ich freue mich, von dir zu hören!

Alles Liebe
Dein Holger

3. Und heut' war alles anders

Das fahle, blasse Gesicht, das mich da aus dem Spiegel anstarrte, konnte unmöglich ich sein. Vor einer Woche sah es doch noch so strahlend aus. Müde schlurfte ich nur mit einem Bademantel bekleidet zum Küchentisch. „Wirtschaftskrise – die Welt steht Kopf. Tausende von Firmen stehen vor dem Aus" prangte es in großen, fetten Lettern auf der Titelseite der Zeitung. Obwohl diese Schlagzeile nun schon fünf Tage alt war, hatte ich es bis jetzt nicht fertiggebracht, die Zeitung wegzuwerfen. Müde ließ ich mich auf den Stuhl sinken. Wie konnte es nur so weit kommen? Ich sitze am helllichten Mittag nur mit einem Bademantel in meiner Küche und tue einfach nichts. Falsch, fast nichts, denn ich leide. Und das tue ich jetzt schon fast eine Woche. Eben seit dem Tag, als mein Chef schwitzend und mit hochrotem Kopf in mein Büro gestürmt war und keuchte: „Wir müssen schließen. Die Wirtschaftskrise hat uns das Genick gebrochen." Im ersten Moment mochte ich diese Ungeheuerlichkeit nicht glauben. Was sollte nun aus meinem Auto, den Krediten, aus mir werden? Ein Wimpernschlag und deine Welt gerät aus den Fugen. In der heutigen Gesellschaft ist das Verlangen nach schneller, höher, weiter ungebremst und bringt irgendwann alle um. Gerade als ich mich am tiefsten in meinem Unglück suhlte, klingelte das Telefon. Eine mir vertraute Frauenstimme am anderen Ende fragte: „Hallo, ich habe gehört, deine Firma hat dicht gemacht. Ich hätte da einen Vorschlag!“ Mit welcher Schonungslosigkeit diese Person mit mir sprach. Aber ich schwieg. „Also, ich bräuchte für mein Catering-Unternehmen noch einen Ausfahrer. Könntest du das vielleicht übernehmen? Das wäre wirklich toll.“ Von einem Moment auf den anderen hatte ich wieder eine Perspektive. Zugegeben eine kleine, aber zumindest überhaupt eine. Ich stimmte zu. So sehr ich die Schnelllebigkeit der Gesellschaft vor weniger als einer Stunde noch verwünscht hatte, so sehr dankte ich ihr nun für diese unerwartete Wende.

4. Tagebucheintrag

Liebes Tagebuch,

heute war ein schrecklicher Tag. Eigentlich hat er ganz gut angefangen mit ein bisschen Dösen auf dem Sofa. Doch dann kam meine Mutter lautlos wie immer ins Wohnzimmer geschlichen und schmetterte mir die Frage nach den Hausaufgaben an den Kopf. Meine Gedanken wollten und konnten ihr nicht so schnell folgen. Ich war noch total müde und nicht wirklich in der Lage, mich mit ihr auseinanderzusetzen. Natürlich hatte ich noch keine Hausaufgaben gemacht. Vielleicht hätte ich zu meiner Mutter etwas Besseres sagen sollen außer: „Die mache ich später“. Wie immer hat sie dieser Satz nämlich noch mehr auf die Palme gebracht. Energisch hat sie auf JETZT bestanden. Ich sag's dir, jeder Widerspruch zwecklos. Ich hab mich so klein gefühlt. Als sie dann auch noch mit einer Standpauke über mein Lernverhalten angefangen hat und dass es ja nicht mehr lange dauert, bis ich ins Leben hinaustrete, war mir das echt zu viel. Aber soll ich dir was sagen, meine Mutter ging noch weiter, sie hat mich an meinen Schreibtisch gezerrt. Die spinnt doch.

Als ich endlich allein in meinem Zimmer war, ging die Tür schon wieder auf. Das ist doch unglaublich, dass man nie seine Ruhe hat. Diesmal war es allerdings mein Vater. Innerlich nahm ich schon, bevor er irgendwas gesagt hatte, eine Abwehrhaltung ein. Und auch meine Antwort auf die Frage, was ich mache, fiel meiner Meinung nach jetzt mit der Antwort „Schulaufgaben“ taktisch besser aus. Dachte ich …

Die Stimme von meinem Vater wollte Verständnis ausdrücken, doch ganz ehrlich, geklappt hat das nicht. Ich fühlte mich schon zum zweiten Mal an diesem Tag gegängelt. Jetzt sollte ich auf einmal in die Handelsschule gehen und einen Beruf lernen, anstatt die Schule zu beenden. Wie mir das auf die Nerven geht. Ich weiß eben einfach noch nicht genau, was ich in Zukunft machen möchte. Muss ich das denn jetzt auch schon wissen? Warum können meine Eltern mir nicht meine Jugend lassen?

Ich bin mir noch nicht sicher, wen ich schlimmer finde, meine Mutter mit ihrem ständigen Drängen auf gute Noten oder meinen Vater, der mir sagt, dass ich für die Schule nicht tauge und deshalb ins Berufsleben einsteigen soll. Auch wenn sie in diesem Punkt nicht einer Meinung sind, sind sie sich doch darin einig, dass das Leben nur aus büffeln, arbeiten, Mühe, Ernst und Verantwortung besteht. Was soll das für ein Leben sein, in dem es keinen Platz für Nachlässigkeit, Spaß und Freude gibt? Ganz sicher keines, das ich führen will. Egal was meine Zukunft bringt, so wie meine Eltern will ich nie werden. Und das weiß ich ganz sicher. Das Schlimme ist nur, dass ich solange ich noch nicht volljährig bin, kaum eine Möglichkeit habe, meine eigenen Entscheidungen zu treffen und der ständigen Nörgelei meiner Eltern zu entkommen.

5. Parallelgedicht

Die Stadt

Wenn du durch Straßen gehst
Bilder siehst,
wenn du dastehst
mit müden Augen liest:
Da zeigt die Straße
dir die lange Nase
im farblosen Trichter
flimmern Gesichter:
Ein kurzer Moment, ein ernster Fall,
das Dröhnen, Lichter, die Großstadtpflicht.
Was war das?
Alles zu viel, dieser Neonschwall …
festgehalten, regungslos, jetzt nicht.

Du läufst hastig
auf endlosem Asphalt;
du fühlst Plastik,
das sich anschmiegt kalt.
Eine Ampel heute,
keine bekannten Leute;
du hast's geschafft
nur kurz zusammengerafft …
Ein kurzer Moment, ein ernster Fall,
das Dröhnen, Lichter, die Großstadtpflicht.
Was war das?
Die S-Bahn rumpelt mit lautem Knall …
festgehalten, regungslos, jetzt nicht.

Du musst auf deinem Weg
durch endloses Grau gehn;
siehst am langen Steg
das Grün am Ende stehn.
Es kann Wald sein,
Es kann Wiese sein
Es kann im Garten dein
Büschlein sein.
Es blickt hinüber,
und zieht vorüber.
Ein kurzer Moment, ein ernster Fall,
das Dröhnen, Lichter, die Großstadtpflicht.
Was war das?
Der ersehnten Erholung Schall!
festgehalten, regungslos, jetzt nicht.

B. Sprachliche Richtigkeit

1. Groß- und Kleinschreibung

1. Richtige Groß- und Kleinschreibung

a) Es duftet nach frischen Plätzchen.
b) Die Bergwacht rettete die Verschütteten.
c) Unser Lehrer informiert uns über Wissenswertes zur Prüfung.
d) Meine beste Disziplin ist das Laufen.
e) Die Detektive suchten vergeblich nach den verschwundenen Menschen.
f) Unser Lehrer konnte uns viel Spannendes in Mathe beibringen.
g) Meine Freundin und ich hatten ereignisreiche Ferien.

2. Falsch geschriebene Wörter unterstreichen

a) Mir geht beim Schwimmen schnell die Puste aus.
b) Wir sind abends fürs Kino verabredet.
c) Das Entwerfen von Mode macht mir Spaß.
d) Im Sommer gefällt mir am besten das intensive Blau des Himmels.
e) Ein großer Wortschatz ist wichtig für das Erlernen des Lesens und Schreibens.

3. Berichtigt aufschreiben

Man muss es mal aussprechen dürfen: Deutschland hat das beste Ausbildungssystem der Welt. Klingt vermessen, ist aber so. Gemeint ist die duale Berufsausbildung, die Auszubildende sowohl im Betrieb als auch in der Berufsschule absolvieren und dabei in der Theorie lernen, was sie in der Praxis anwenden. Weltweit ist dieses System – so simpel es auch scheint – einzigartig.

Quelle: nach Kathrin Schwarze-Reiter, in: Focus Schule 6/11, Seite 88

2. Getrennt- und Zusammenschreibung

1. Getrennt- oder Zusammenschreibung

a) Ich gehe auf eine ~~allgemein bildende~~ **allgemeinbildende** Schule.
b) Meine Freunde sollten meine Eltern ~~auseinander halten~~ **auseinanderhalten** können.
c) Matrosen tragen ~~blaugestreifte~~ **blau gestreifte** Uniformen. (Zusammenschreibung auch möglich)
d) Mit dieser fiesen Erkältung solltest du dich lieber ~~krank schreiben~~ **krankschreiben** lassen.
e) Er wurde von jeglicher Schuld ~~frei gesprochen~~ **freigesprochen**.
f) Nach einem heftigen Streit sollte man nicht wortlos ~~auseinander gehen~~ **auseinandergehen**.
g) Andreas hat in Mathe wirklich ~~hervor stechende~~ **hervorstechende** Noten.

2. Verbindung mit „irgend"

a) ~~Irgend jemand~~ **Irgendjemand** schreibt mir heimlich Briefe.
b) ~~Irgendsoein~~ **Irgend so ein** Blödmann hat mein Getränk umgeworfen.
c) ~~Irgend etwas~~ **Irgendetwas** war mit den Pilzen nicht in Ordnung.

3. Verbindung mit Adjektiven

a) Wenn man ~~allein stehend~~ **alleinstehend** ist, langweilt man sich oft.
b) Wenn unser Kater sauer ist, dann ist er ~~gemein gefährlich~~ **gemeingefährlich**.
c) Heutzutage sind Frauen und Männer in den meisten Fällen ~~gleich berechtigt~~ **gleichberechtigt**.
d) Den Vortrag hat er vor der gesamten Klasse **frei gesprochen** ~~freigesprochen~~.
e) Draußen war es ~~bitter kalt~~ **bitterkalt**.

4. Getrennt- oder Zusammenschreibung

a) **Peinlich sauber**
Ein Chinese eröffnete in Deutschland eine Gaststätte mit einer ~~riesiggroßen~~ **riesig großen** Auswahl an Speisen aus seinem Heimatland. Anfangs kamen die Gäste zahlreich.
~~Freude strahlend~~ **Freudestrahlend** hoffte er, dass es so bleibt, denn das Restaurant war immer gründlich gereinigt, ~~so weit~~ **soweit** man sehen konnte. Der Wirt hatte dem Personal befohlen, alles mit Seife ~~sauberzumachen~~ **sauber zu machen** (Zusammenschreibung auch möglich). ~~Nach dem~~ **Nachdem** die Gäste nach dem ersten Besuch nicht ~~wieder kamen~~ **wiederkamen**, bedrängte er ~~angst erfüllt~~ **angsterfüllt** einen Gast, ihm den Grund ~~preis zu geben~~ **preiszugeben**. Der Gast antwortete: „Das Essen mag chinesisch fein sein, es schmeckt aber ~~seifigzart~~ **seifig zart**."

b) **Hochvornehm**
Ein vornehmes Restaurant war bekannt für sein wirklich ~~hervor ragendes~~ **hervorragendes** Essen und die passende Umgebung. ~~Zart gelbe~~ **Zartgelbe** Servietten und ~~blendendweiße~~ **blendend weiße** Tischtücher gehörten zur normalen Ausstattung. Leider waren die Essensportionen nicht entsprechend groß. Ein richtig hungriger Gast fühlte sich ~~irre geführt~~ **irregeführt** und war ~~bitter böse~~ **bitterböse**, weil sein Hunger ungestillt blieb. Nach dem Menü fragte der Kellner den Gast: „Wie haben Sie das Beefsteak gefunden, mein Herr?" „Rein zufällig, ~~nach dem~~ **nachdem** ich die Kartoffel ~~beiseite schob~~ **beiseiteschob**", antwortete der Gast. Seitdem sollen die Portionen in dem Restaurant nicht mehr ~~winzigklein~~ **winzig klein** gewesen sein.

Quelle: nach deutsch.ideen8. Schroedel Verlag, Seite 229

3. Rechtschreibstrategien anwenden

1. Strategien zuordnen

a)

Satz	Strategie
Mein Lieblingsrock ist **gelb**.	F
Ich fahre immer mit dem **Rad** zur Schule.	E
Ein Pferd **frisst** gerne Karotten.	B
Kannst du mir bitte meine Schuhe **holen**.	C
Waisenkinder werden nicht von ihren Eltern, sondern auf andere **Weise** erzogen.	D
Eine Allee ist flankiert von vielen **Bäumen**.	A

b)

Satz	Strategie
Ich sollte ihn alleine **lassen**.	E
Durch das **Vorlesen** von Geschichten lernen Kinder neue Wörter.	D
Feste soll man feiern, wie sie fallen.	E
Obelix und seine Freunde haben dicke **Bäuche**.	C

2. Zuordnen

a) Bilde zu den Nomen den Plural.
- Erfol**g** – Erfolge
- Zwei**g** – Zweige
- Die**b** – Diebe
- Ber**g** – Berge

b) Bilde zu den Verben den Infinitiv.
- schrei**b**st – schreiben
- fra**g**st – fragen
- zei**g**t – zeigen
- lie**b**t – lieben

c) Ergänze zu den Adjektiven ein Nomen.
- blon**d** – blondes Mädchen
- schrä**g** – schräge Wand
- gel**b** – gelbes Hemd
- ro**t** – rote Hose

3. a) „eu" oder „äu"?

- Nazan fragte den Verk**äu**fer nach einem B**eu**tel für ihre Sachen.
- Paul beklagt sich, dass seine Fahrradschl**äu**che beide kaputt sind.
- Die Schule befindet sich in mehreren Geb**äu**den.
- Mit meinen Fr**eu**nden habe ich früher R**äu**ber und Gendarm gespielt.
- Zum Bauernhof meines Onkels gehört auch eine große Sch**eu**ne, in der ich mit Fr**eu**de herumtolle.
- Meine Mutter ärgert sich über die L**äu**se an ihren Pflanzen.
- In meinen Tr**äu**men bin ich St**eu**ermann eines großen Schiffes.

b) Erklärung

Wenn man die Grundform eines Wortes mit „au" schreibt, dann wird dieses im Plural mit „äu" geschrieben. Beispiel: Laus – Läuse
Auch die Suche nach verwandten Wörtern kann helfen. Beispiel: bauen – Gebäude

4. a) „d" oder „t", „g" oder „k", „b" oder „p"?

Er zei**g**t mit dem Finger auf Frau Hansens Mo**p**s.
Der Die**b** hat viel Gel**d** gestohlen.
Mein Lehrer will, dass ich ernsthaf**t** an die Zukunft denke.
Menschen haben An**g**st vor dem Krie**g**.
Über das Geschen**k** habe ich mich riesi**g** gefreut.
Alexander hat zwei Al**b**en mit Fotos aus den Al**p**en.
Erwin kann schlecht mit Kriti**k** umgehen.
Meine Lieblingsfarbe ist Ro**t**.

b) Strategien zuordnen

Ich verlängere das Wort: Geld – Gelder, Geschenk – Geschenke
Ich bilde den Infinitiv: zeigt – zeigen
Ich steigere das Wort: rot – roter, riesig – riesiger

4. Wörter auf Doppelkonsonanten prüfen

1. „k" oder „ck"?

a) Ein Ru**ck**sa**ck** ist pra**k**tisch beim Wandern.
b) Ein Hase schlägt Ha**k**en.
c) Der Vertrag ist in tro**ck**enen Tüchern.
d) Man hört die Kirchenglo**ck**en bis in den Par**k**.
e) Damit ich pün**k**tlich in der Schule bin, muss ich mir einen We**ck**er stellen.
f) Fabio ist verrückt nach Pun**k**-Musi**k**.

2. Begründung für Doppelkonsonanten

a) **beginnt** → Bilden des Infinitivs: begin-nen
b) **Welle** → Vorsagen der Trennung zwischen zwei Silben: Wel-le
c) **Wasser** → Vorsagen der Trennung zwischen zwei Silben: Was-ser
misst → Bilden des Infinitivs: mes-sen
d) **rennt** → Bilden des Infinitivs: ren-nen
schnell → Auf einen kurz gesprochenen Vokal folgt ein Doppelkonsonant.
→ Das Wort verlängern

3. Doppelkonsonanten

Diesen ~~Somer~~ **Sommer** vor den großen Ferien haben wir in der ~~Schulle~~ **Schule** einen ~~Wetbewerb~~ **Wettbewerb** veranstaltet. Es ging darum, wer am ~~schnelsten~~ **schnellsten** einmal um das Schulhaus ~~renen~~ **rennen** konnte. Natürlich wollten wir alle ~~gewinen~~ **gewinnen** und nicht als ~~Lezte~~ **Letzte** im Ziel ~~ankomen~~ **ankommen**.
Obwohl es an diesem Tag regnete, ~~blizte~~ **blitzte** und ~~donerte~~ **donnerte**, ließen wir uns nicht ~~aufhallten~~ **aufhalten** und schon bald stand der Sieger fest: Es war zu unser aller ~~Überaschung~~ **Überraschung** der ~~dike~~ **dicke** Matze.

4. Doppel- oder Einzelkonsonant?

a) Do**pp**elhaushälfte
b) Ro**ll**e, Ma**tt**e
c) Kli**pp**e
d) Regento**nn**e

5. Lang gesprochene Vokale

1. Regeln zuordnen

Satz	Regel
Die **Miete** der Wohnung ist zu teuer.	**C**
Ich muss immer sehr früh **aufstehen**.	**B**
Die Katze stolziert in Omas Gemüse**beet** herum.	**E**
Die Erdmännchen waren ganz **zahm**.	**A**

2. Tabelle ausfüllen

Vokal	einfacher Vokal	Verdopplung	Dehnung mit h
a	Wal	Saal	Wahl
e	reden	Beere	Mehl
i	Igel	Sieg	ihm / Vieh
o	Sog	Boot	Wohnung
u	klug	keine	Fuhrwerk
ä	Mädchen	keine	gähnen
ö	Größe	keine	versöhnen
ü	grün	keine	führen

3. Sätze bilden

a, aa und ah: Ich habe wahrhaftig ein paar Wale gesehen.
e, ee und eh: Ehrlich gesagt weiß ich nicht, ob Esel Erdbeeren fressen.
i, ie und ih: Ihm gefiel der Igel.
o, oo und oh: Der bedrohliche Sog des Wassers riss das Boot nach unten.
u und uh: Mein Bruder fuhr mit dem Zug.

4. „i", „ie", „ih" oder „ieh"?

Wenn w**i**r bei meinem Großvater zu Besuch sind, sp**ie**len wir jedes Mal Karten. Es gelingt **ih**m immer, uns zu bes**ie**gen. Das f**i**nden wir ganz schön f**ie**s. Er hingegen lacht und gen**ie**ßt seinen Triumph. Zur Versöhnung holt er das T**ie**rmemory. Jetzt ist meine Schwester am Zug, denn darin ist sie unschlagbar. W**ieh**ernde Pferde finden zueinander, genauso wie bellende Hunde. Und nach kurzer Zeit gesch**ieh**t es – meine kleine Schwester hat gewonnen.

6. Wörter mit s-Laut

1. Richtigen s-Laut finden

a) Der Bi~~s~~/**ss**/~~ß~~ der Mau**s**/~~ss~~/~~ß~~ hat ziemlich wehgetan.
b) Du i~~s~~/**ss**/~~ß~~t schon wieder so au~~s~~/~~ss~~/**ß**erordentlich viel. Jeder mu~~s~~/**ss**/~~ß~~ denken, du bi**s**/~~ss~~/~~ß~~t am Verhungern.
c) Der Ra**s**/~~ss~~/~~ß~~en besteht aus vielen grünen Gra**s**/~~ss~~/~~ß~~halmen.
d) In einer neuen Stadt Fu~~s~~/~~ss~~/**ß** zu fa~~s~~/**ss**/~~ß~~en, ist nicht immer einfach.

2. s-Laute erkennen

a) das Gla**s** – die Gläser → weicher s-Laut
b) der Pa**ss** – die Pässe → scharfer s-Laut
c) das Fa**ss** – die Fässer → scharfer s-Laut
d) der Auswei**s** – die Ausweise → weicher s-Laut

3. Lückentext

a) Der Zirku**s**wärter pa**ss**t mei**s**tens auf die wilden Tiere auf.
b) Der Tiger ra**s**t äu**ß**erst aufgeregt in seinem Käfig herum. Die Pa**ss**anten waren davon ein bi**ss**chen beunruhigt.
c) Tim hat ein schlechtes Gewi**ss**en, da er heimlich den ganzen Streuselkuchen aufgege**ss**en hat.
d) Eine bewu**ss**te Ernährung und das Trinken von au**s**reichend Wa**ss**er ist wichtig für die Ge**s**undheit.

4. „s", „ss" oder „ß"?

Im letzten Urlaub haben wir einen Ausflug zu einem gro**ß**en Schlo**ss** gemacht. Ich fand es sehr aufregend, wie die Menschen damals lebten. Es mu**ss** viel Spa**ß** gemacht haben, mit all den tollen Kleidern. Aber ich glaube, das E**ss**en wäre nicht so mein Fall gewesen. Total kla**ss**e fand ich auch den Schlo**ss**wald, dort lie**ß** sich bestimmt viel entdecken. Eine Menge Tiere haben sich dort niedergela**ss**en. Ein Reh konnten wir dann beim Fre**ss**en beobachten, aber mehr leider nicht. Dann mussten wir auch schon weiter, denn sonst wären wir in eine gro**ß**e Ma**ss**e von weiteren Besuchern geraten und das wollten wir vermeiden. Zum Schlu**ss** sind wir aber noch Ei**s** e**ss**en gegangen.

5. „s", „ss" oder „ß"?

a) Rasen.
b) Fußball.
c) Gas- und Wasserinstallateur.
d) Verfassung

7. Dass oder das?

1. „s" oder „ss" ergänzen

Heutzutage kommt es immer häufiger vor, da**ss** bereits Kinder ein Handy besitzen. Eltern fühlen sich sicherer, wenn sie ihre Kinder ständig erreichen können. Für die Kinder selbst ist der Sicherheitsaspekt eher unwichtig. Da**s** erste eigene Handy bedeutet vielmehr, da**ss** sie ab jetzt dazugehören, cool sind. Da**ss** da**s** mobile Telefongerät inzwischen zu weit mehr als nur zum Telefonieren genutzt wird, bringt wieder neue Probleme mit sich. Schnell kann ein vermeintlich lustiges Video, da**s** auf der letzten Party gedreht wurde, die ganze Schule zu Gesicht bekommen.

2. Falsche Buchstaben durchstreichen

a) Da**s** ist aber sehr schön, da**ss** meine Mutter mir beim Lernen hilft.
b) Meine Mutter sagt, da**ss** ich nicht so spät ins Bett gehen soll.
c) Manchmal wache ich sogar auf, ohne da**ss** ich den Wecker gehört habe.
d) Da**ss** da**s** Haus abgebrannt ist, finde ich schlimm.

3. Falsche Möglichkeit durchstreichen

Zu Hause angekommen stellte Maria fest, **dass** sie ihre Schultasche im Bus vergessen hatte. **Das** war jetzt schon das zweite Mal diese Woche, **dass** ihr **das** passierte. Jetzt musste sie wieder an die Endhaltestelle fahren, dort in **das** Fundbüro gehen und hoffen, da**ss** jemand die Tasche abgegeben hatte.

8. Grundregeln der Zeichensetzung

1. a) Rechtschreib- und Zeichensetzungsfehler

Risikogruppe „Fahranfänger"

Die meisten der 18- bis 20-jährigen Autofahrer, die an Unfällen mit Personenschäden beteiligt sind**,** haben diese auch schuldhaft verursacht. An dieser Tatsache hat auch die gründliche Ausbildung in den Fahrschulen bisher nichts verändern können. Aus diesem ~~Grunt~~ **Grund** wird der Ruf nach ~~Massnahmen~~ **Maßnahmen** zur nachhaltigen Steigerung **( )** der Fahrsicherheit von Fahranfängern immer lauter.

Um den Ausbildungsstand weiter zu erhöhen und so die Verkehrssicherheit zu verbessern, wird von vielen Fachleuten eine Phase gewünscht, während der die ~~Unsicheren~~ **unsicheren** Fahranfänger mit einem erfahrenen Begleiter fahren.

~~Eksperten~~ **Experten** fordern**,** dass ~~Fahrlerer~~ **Fahrlehrer** dabei mehrfach die Fahrweise im PKW des Führerscheinneulings überprüfen und Fehler ~~aufdeken~~ **aufdecken**. ~~bei~~ **Bei** frühzeitigem ~~erkennen~~ **Erkennen** von gefährlichem Fahrverhalten können Fachleute noch wirksam und helfend eingreifen. Sie können das ~~Ferhalten~~ **Verhalten** des Fahranfängers in Risikosituationen beurteilen und Handlungsmöglichkeiten empfehlen. Bei einer ~~negatiwen~~ **negativen** Einschätzung kann dieses Vorgehen auch zu einer Wiederholung der Prüfung führen.

b) Rechtschreib- und Zeichensetzungsfehler

Alarmierende Essgewohnheiten

Die ~~Ärtzte~~ **Ärzte** sind ~~allarmiert~~ **alarmiert,** da es immer mehr dicke Kinder gibt, die schon sehr ~~Früh~~ **früh** über ~~Herz-Kreislauf-Probläme~~ **Kreislauf-Probleme** und Rückenschmerzen klagen. Schuld daran sind ~~vorallem~~ **vor allem** der ~~zunemende~~ **zunehmende** Bewegungsmangel und die veränderten ~~Eßgewohnheiten~~ **Essgewohnheiten**.

Im Gegensatz zu früher ~~lasen~~ **lassen** sich heute die ~~meißten~~ **meisten** Kinder mit dem ~~Buss~~ **Bus** oder Auto bis ~~direckt~~ **direkt** vor das Schulhaus fahren. Dann sitzen sie den ganzen ~~vormittag~~ **Vormittag** lang in den Klassenzimmern**,** meistens auch in den Pausen, und am Nachmittag kommen sie nicht mehr weg vom Schreibtisch und ~~Komputer~~ **Computer**. Kein Wunder**,** ~~das~~ **dass** da die ~~Wirbelseule~~ **Wirbelsäule** auf Dauer nicht ~~mit macht~~ **mitmacht**. Da viele Mütter heute berufstätig sind, gibt es kaum noch eine ~~gemeinsamme~~ **gemeinsame** Mahlzeit. Alles ~~muß~~ **muss** schnell gehen. Und deshalb essen die Kinder ~~unkontroliert~~ **unkontrolliert** ~~dass~~ **das,** worauf sie gerade Lust haben. Und das sind meistens ~~kalorienhalltige~~ **kalorienhaltige** ~~Süssigkeiten~~ **Süßigkeiten** oder fettreiches **Fastfood/Fast Food** wie Pizza oder Hamburger. Obst und Gemüse sind dagegen kaum gefragt. Dieser Entwicklung sollte aber ~~dringent~~ **dringend** Einhalt geboten werden.

2. Kommas begründen

Satz	Begründung
Alexander der Große, ein guter Feldherr und Stratege, wurde nur 33 Jahre alt.	**B**
Meine kleine Schwester muss um 18 Uhr zu Hause sein, weil es dunkel wird.	**D**
Wir sind um eine tolle, neue und interessante Erfahrung reicher.	**C**
Ich schaue nur Filme an, die mich interessieren.	**A**

3. Kommas begründen

Satz	Begründung
„Lass mich in Ruhe!", rief sie.	**C**
Um zum Ziel zu gelangen, arbeitete er hart.	**A**
Wenn es regnet, bleibe ich am liebsten zu Hause.	**F**
Er wollte zelten, sie jedoch lieber in ein Hotel.	**A**
Nachdem wir umgezogen waren, hatten wir endlich mehr Platz.	**F**

4. Zeichensetzung

Vor 50 Jahren erschien erstmals die BRAVO**,** die bis heute ein wichtiger Begleiter für die meisten Jugendlichen ist und jede Woche aktuell über Stars**,** Mode und Probleme von Teenagern berichtet**.** Eine treue Leserin erzählt: **„**Jeden Donnerstag nach der Schule hole ich mir die BRAVO und bin dann für zwei Stunden nicht mehr zu sprechen.**"**

5. Zeichensetzung

In Australien reicht die Geburtenrate nicht aus, um für ausreichend Nachschub an Arbeitskräften zu sorgen. Vor einigen Monaten versicherte der Regierungschef: „Aus allen Ländern der Welt nehmen wir ausgebildete Menschen, die den Anforderungen entsprechen."

9. Die vier Fälle

1. Richtiger Fall

Vor der Abfahrt **des Zuges** ertönt ein lautes Warnsignal. Dann setzt er sich langsam in Bewegung.
Alle Türen **der Abteile** sind geschlossen, denn die meisten **der Fahrgäste** möchten ungestört sein.
Einige lesen Bücher, andere hören Musik und wieder andere arbeiten geschäftig an **ihrem Computer**.

2. Richtiger Fall

Die Bodenseeregion mit all **ihren Freizeitaktivitäten** ist das optimale Ausflugsziel. Wassersport, Radfahren, Wandern oder einfach nur in einem der **vielen Cafés** entspannen – für jeden ist etwas dabei. Gerade bei **schönem Wetter** platzt so manche Uferstraße aus **allen Nähten**. Da kann es ratsam sein, sich in etwas entlegenere Orte zurückzuziehen.

10. Aktiv und Passiv

1. Umformen

Aktiv	Passiv
Die Kinder führen den Hund spazieren.	*Der Hund wird von den Kindern spazieren geführt.*
Die Polizei schnappte den Täter.	Der Täter wurde von der Polizei geschnappt.
Er hatte viel auf die Prüfung gelernt.	*Auf die Prüfung war von ihm viel gelernt worden.*
Die Umzugsfirma wird morgen die Möbel abholen.	Die Möbel werden morgen von der Umzugsfirma abgeholt werden.

2. Umformen

Aktiv	Passiv
Das Flugzeug segelte leise durch die Luft.	Ich wurde von der Sonne geblendet.
Morgen zu diesem Zeitpunkt werde ich meine Prüfung schon hinter mir haben.	Die Rechnung wurde von einem Sponsor bezahlt.

Text 1 – Die Klagen über meine Methoden häufen sich (Martin Walser)

Teil I: Lesen

1. Richtige Aussage ankreuzen

a) ☒ im Wald
b) ☒ in einer Spielzeugfabrik.
c) ☒ zu langsam.
d) ☒ am nächsten Tag
e) ☒ durch einen Bewerber.

2. Richtige Aussage ankreuzen

a) ☒ andere zufriedenstellen.
b) ☒ niemanden unhöflich zu behandeln.
c) ☒ jemandem seine Meinung zu verbieten.

3. Richtige Antwort ankreuzen

☒ Nur B und D treffen zu.

4. Stilmittel Parenthese und seine Wirkung anhand der Textstelle erklären

Mögliche Lösungen:

- Erklärung des Stilmittels:
  Eine Parenthese ist ein eingeschobener, außerhalb des eigentlichen Satzverbandes stehender Satz oder Teil eines Satzes.
- Wirkung des Stilmittels:
  Mithilfe des durch Gedankenstriche abgetrennten Einschubes in Zeile 78 soll das Handeln des Erzählers gerechtfertigt werden.
  Durch die Verwendung eines Einschubes in Zeile 82 soll die Meinung des Erzählers über einen Vorgesetzten und andere Menschen verdeutlicht werden.

5. Drei Aufgaben des Pförtners nennen

Mögliche Lösungen:

- Er öffnet die Türen für Besucher. (vgl. Z. 21 f.)
- Er nimmt Anrufe entgegen. (vgl. Z. 24 f.)
- Er erteilt Auskünfte. (vgl. Z. 28 ff.)
- Er klärt ab, ob der Besuch zum Vorgesetzten darf. (vgl. Z. 31 – 34)
- Er ist dafür zuständig, Besuch anzumelden. (vgl. Z. 146 f.)

6. Zwei Textstellen, die die Haltung des Pförtners verdeutlichen, zitieren

Mögliche Lösungen:

- „Und jeder im Haus glaubt, er sei der Vorgesetzte des Pförtners. Der Pförtner hat keine Kollegen, er hat nur Vorgesetzte." (Z. 34 ff.)
- „Aber die in den Büros sind so empfindlich, dass sie oft schon durch eine telefonische Anfrage in schreckliche Erregung versetzt werden können […]" (Z. 39 – 42)
- „[…] der feinnervige und hochbezahlte Herr aus dem Büro […]" (Z. 48 f.)
- „[…] diesen Wutschrei des gestörten Herrn […]" (Z. 51)
- „Vor allem verstehen diese Persönlichkeiten nicht, dass ich Zeit brauche […]" (Z. 84 f.)

7. a) Anhand einer Textstelle herausarbeiten, wie der Pförtner seine Kompetenzen überschreitet

Mögliche Lösungen:

Der Pförtner überschreitet seine Kompetenzen, da er eigene Entscheidungen trifft, die ihm nicht zustehen:

- Er entscheidet eigenmächtig, welche Personen er hereinlässt. Dies macht er, ohne in den Abteilungen nachzufragen. (vgl. Z. 57 – 62)
- Besucherinnen und Besuchern redet er solange ein, dass ihr Besuch sinnlos sei, bis diese es selbst glauben und wieder gehen. (vgl. Z. 73 – 77)
- Er denkt, durch sein Verhalten steige der Umsatz des Unternehmens, weil er sich die Anliegen der Besucher anhört und entscheidet, ob er sie durchlässt oder nicht. (vgl. Z. 78 – 83)

b) Anhand von zwei Textstellen die Rechtfertigung des Pförtners erläutern

Mögliche Lösungen:

- Er rechtfertigt sein Handeln damit, dass er von seinen Vorgesetzten nicht angeschrien werden möchte, daher geht er einem Konflikt mit seinen Vorgesetzten aus dem Weg. (vgl. Z. 39 – 44)
- Er ist der Meinung, er trage mit seinem Verhalten zur Umsatzsteigerung bei und schütze gleichzeitig die leitenden Personen. (vgl. Z. 78 – 83)
- Er glaubt, ein unfreundlicher Tonfall würde mehr Beschwerden und einen schlechteren Ruf der Firma hervorrufen. (vgl. Z. 103 – 108)

8. Zwei Situationen herausarbeiten, in denen dem Erzähler Mut geholfen hätte

Mögliche Lösungen:

- Der Pförtner wollte früher gerne Förster oder Sparkassenräuber werden. Dies wurde er nicht, da er Angst hatte, dies nicht zu schaffen. An dieser Stelle in seinem Leben hätte er Mut gebraucht. (vgl. Z. 1 – 6)
- Da ihm der Mut fehlt, geht er Auseinandersetzungen mit seinen Vorgesetzten aus dem Weg und möchte es ihnen recht machen. (vgl. Z. 36 – 44, Z. 57 f.)
- Dem Pförtner fehlt der Mut, um seinen Job zu kämpfen. Er lässt seinen Nachfolger zur Personalabteilung durch und bewundert ihn für seinen Mut. (vgl. Z. 150 – 153).

9. a) Bedeutung des Zitats erklären

Das Zitat soll verdeutlichen, dass man sich aufgrund seines Charakters und seiner Stärken einen für sich passenden Beruf aussucht. Ist man nun in diesem Beruf, hat er auch Auswirkungen auf den Charakter und das Umfeld eines Menschen. So können zum Beispiel Erzieher/-innen durch ihre Ausbildung verständnisvoller gegenüber Kindern werden.

b) Anhand einer Textstelle erläutern, dass der Charakter die Berufswahl beeinflusst hat

Da er glaubte, den Berufen des Försters oder des Sparkassenräubers nicht gerecht werden zu können, wählte er den Beruf des Pförtners, der seiner Meinung nach zu seinem Charakter passt. (vgl. Z. 4 –12)

c) Zustimmung oder Ablehnung der Aussage begründen

<u>Zustimmung:</u>
Ich stimme der Aussage zu, dass der Beruf seinen Charakter verändert hat, da er zu Beginn der Erzählung noch sehr unsicher in seinem Beruf wirkt. Am Ende legt er diese Unsicherheit ab und traut es sich zu, selbst weitreichende Entscheidungen zu treffen.
<u>Ablehnung:</u>
Ich lehne die Aussagen ab. Sowohl zu Beginn als auch am Ende der Geschichte zeigt sich deutlich, dass der Pförtner ein mutloser Mensch ist. Bei der Wahl seines Berufes hätte er den Mut haben müssen, den von ihm gewünschten Beruf zu ergreifen. Am Ende der Geschichte hätte er den Mut haben müssen, um seinen Job zu kämpfen.

Teil II: Schreiben

Teil II.A: Textproduktion

Hier findest du eine beispielhafte Lösung zu a).

Die Fehlbesetzung

Endlich lief es in unserer Spielzeugfabrik wieder gut. Wir hatten eine schwere Phase durchgemacht, aber mit mir als Personalchef hatten wir es geschafft, dass es finanziell wieder lief. Daher entschlossen wir uns, einen Pförtner einzustellen. Auf unsere Ausschreibung meldete sich nur ein einziger Bewerber, den wir zum Gespräch einluden. Auf meine Frage, wieso er denn Pförtner werden wolle, antwortete er: „Ich wäre am liebsten Förster geworden, aber dazu fehlte mir der Mut!" Obwohl ich zu diesem Zeitpunkt bereits ein ungutes Gefühl hatte, stellte ich ihn ein. Wir bauten sogar extra eine gläserne Loge für ihn, damit er sich an seinem Arbeitsplatz auch wohlfühlen konnte. Ich nahm mir vor, ihn etwas im Auge zu behalten und immer mal wieder Besucher/-innen zu fragen, wie zufrieden sie mit ihm seien. In den ersten Wochen lief alles reibungslos, es gab keinerlei Beschwerden und ich klopfte mir innerlich auf die Schultern, dass ich es geschafft hatte, mich gegen mein mulmiges Gefühl zu entscheiden.
Leider hielt dieser Zustand nicht lange an. Meine Sekretärin teilte mir mit, wie unzufrieden alle mit ihm seien, da er selbst entscheide, wen er durchlasse. Er gebe sich zwar große Mühe, freundlich zu sein, würde aber durch sein eigenmächtiges Verhalten die Kundinnen und Kunden verärgern. Ich bat sie, Kontakt zu ihm aufzunehmen, um sein Verhalten zu verstehen. Sie berichtete mir anschließend, er habe für sich entschieden, so wenig wie möglich zum Telefon zu greifen, er prüfe selbst, ob die Besucher/-innen das Recht hätten, durchgelassen zu werden. Diese Aussage brachte mich

zur Weißglut. „Was nimmt er sich heraus?" – mit dieser Frage verbrachte ich den ganzen Abend, was meine Wut und mein Unverständnis noch steigerte. Ich musste als Personalchef eingreifen, nicht dass sich noch herumsprechen würde, was für einen unfähigen Pförtner wir haben. Ich entschied also, das Ganze selbst zu beobachten. Am nächsten Morgen versteckte ich mich hinter einer Häuserecke und beobachtete seine Arbeit. Erschreckt und verärgert musste ich feststellen, dass die Menschenschlange vor der Pförtnerloge immer länger wurde und sich der Unmut der Besucher/-innen steigerte. Nun stand für mich fest, ich musste handeln! Noch am selben Morgen stellte ich eine neue Stellenausschreibung online. Ich ärgerte mich über mich selbst, dass ich damals bei der Einstellung nicht noch einen zweiten Bewerber abgewartet hatte, um in aller Ruhe eine Entscheidung zu treffen. Vor dem Gesprächstermin mit dem neuen Bewerber überlegte ich mir noch, wie der Pförtner wohl reagieren werde und ob er den Bewerber tatsächlich durchlassen werde. Nun stand der Bewerber vor mir, er wurde also durchgelassen. Das Gespräch verlief sehr gut, er hatte bereits Berufserfahrung und ich war mir dieses Mal sicher, dass er der Richtige sei. Also stellte ich ihn direkt ein. Nun kam aber der unangenehme Teil, da ich dem Pförtner noch kündigen musste.

Nachdem ich ihn zum Gespräch bestellt hatte, stand er zitternd vor mir und fragte direkt, ob ich ihn nun feuern werde. Er hatte Tränen in den Augen und sah betrübt aus. Sein Anblick rührte mich und ich kam tatsächlich ins Grübeln. „Jetzt stell dich nicht so an", sagte ich zu mir, „da musst du jetzt durch, er hat seine Arbeit nun mal nicht richtig gemacht." Ich grübelte und grübelte, was ich machen solle, während er wie ein Häufchen Elend vor mir stand. Dann sagte ich zu ihm: „Sie erhalten noch eine Chance von mir: Arbeiten sie mit dem neuen Pförtner zusammen, er wird der Chefpförtner sein und ihnen sagen, was sie machen sollen." Er sah mich verdutzt und fragend an, als ob er über meine Worte nachdenken müsse. Dann verzog sich sein Gesicht zu einem breiten Grinsen und er bedankte sich und versprach mir, sich zu bessern. Als ich hinterher über das Gespräch nachdachte, war ich überrascht über mein Handeln, aber auch stolz auf mich, dass ich ihm noch eine Chance gab, obwohl er eigentlich eine Fehlbesetzung als Pförtner war. Hoffentlich hatte ich die richtige Entscheidung getroffen.

Text 2 – Mensch, wie doch die Zeit vergeht (Stefan Klein)

Teil I: Lesen

1. Richtige Aussage ankreuzen

a) ☒ 12 Stunden an je 6 Tagen.
b) ☒ 1 Stunde, 33 Minuten.
c) ☒ das Statistische Bundesamt.
d) ☒ vergleichbar viel Freizeit wie Menschen in Skandinavien.
e) ☒ Sport.

2. Richtige Aussage ankreuzen

a) ☒ abzielen.
b) ☒ sich ausgeliefert fühlen.
c) ☒ über die wir frei verfügen können, statt zu arbeiten.
d) ☒ hoch entwickelt und komplex.

3. Richtige Aussage ankreuzen

a) ☒ Nur A und D stehen im Text.

b) ☒ Nur C und D stehen im Text.

4. Vier Merkmale eines journalistischen Textes nennen und belegen

Mögliche Lösungen:

- Vorspann, Teaser (Z. 1 – 7)
- erlebnisorientierter Einstieg (Z. 8 f.)
- Fakten, Daten, Erläuterungen als Hintergrundwissen (z. B. Z. 25 ff., Z. 50 – 58, Z. 63 – 69)
- Expertenmeinung (Z. 125 – 130)
- Autorenkommentar (Z. 8 f., Z. 24 f., Z. 38 ff.)
- Fazit (Z. 158 – 165)

5. Bedeutung des Zitats im Textzusammenhang erklären

Mögliche Lösung:

- Das Zitat zeigt auf, dass sich die Menschen ihren Alltag von der Zeit vorgeben lassen. Ein Strudel hat die Eigenschaft, Macht über Lebewesen auszuüben. Der Zeitstrudel reißt die Menschen also mit, sie können sich nicht dagegen wehren.

6. Bedeutung und Wirkung der Metapher im Textzusammenhang erklären

Mögliche Lösung:

Bombardement kommt aus der militärischen Sprache. Ein Dauerbombardement aus E-Mails, Tweets und SMS verdeutlicht, dass man im digitalen Zeitalter auf den verschiedenen Plattformen ständig mit Informationen überschüttet wird.
Aufgrund der Verwendung eines Begriffes aus der militärischen Sprache wirkt die Metapher bedrohlich. Bedroht sind hier die Menschen durch die Nutzung der modernen Kommunikationsmittel.

7. Stilmittel Personifikation und dessen Wirkung erklären

Mögliche Lösungen:

- <u>Erklärung des Stilmittels:</u>
  Bei einer Personifikation werden Gegenständen, Tieren, Pflanzen oder abstrakten Begriffen menschliche Eigenschaften oder Fähigkeiten zugeordnet.
- <u>Wirkung des Stilmittels im Text:</u>
  Das Verb „hetzen" weist auf Stress und Ruhelosigkeit hin. Diejenigen, die sich von Uhren als „Zwangsinstrument" hetzen lassen, sind ruhelos, machtlos und abhängig. Wir werden also durch die Uhren unter Zwang gesetzt, da Uhren Macht über uns haben.

8. Anhand von zwei Textstellen erläutern, warum sich Menschen im Alltag gehetzt fühlen

Mögliche Lösungen:

- Der Berufsalltag verlangt viel von einem, man wird unter Druck gesetzt, dies kann dazu führen, dass man sich gehetzt und gestresst fühlt. (vgl. Z. 29 f.)
- Angst vor Zeitnot führt zu weniger Aufmerksamkeit und somit zu Fehlern, was wiederum den Stress erhöht. (vgl. Z. 152 – 155)
- Der häufige Wechsel von Tätigkeiten erzeugt Zeitdruck, wenn die vorherigen noch nicht beendet wurden. (vgl. Z. 137 – 145)

9. a) Zwei Begriffe, die für die „zweite Zeit" verwendet werden, zitieren

- „Zeitsinn" (Z. 35)
- „erlebte Zeit" (Z. 87)
- „Zeitwahrnehmung" (Z. 89)
- „Zeiternpfinden" (Z. 95)

b) Anhand eines Textbeispiels „zweite Zeit" erklären

Mögliche Lösungen:

- Unter der „zweiten Zeit" ist jene Zeit zu verstehen, die wir unabhängig von der Zeit auf der Uhr erleben; sie weist also darauf hin, wie wir die Zeit empfinden.

Beispiele:

- Erhält unser Gehirn viele Informationen, sei es durch einen schönen Abend mit Freunden oder bei einem Film, vergeht die Zeit scheinbar schneller, es wird einem nicht langweilig. Erhält das Gehirn weniger Informationen, weil uns zum Beispiel langweilig ist, dann hat man das Gefühl, dass die Zeit langsamer vergeht. (vgl. Z. 110 – 115)
- Wir messen unsere Erinnerungen am Verstreichen von Monaten und Jahren. Durch unsere Erinnerungen schätzen wir ab, wie lange ein Erlebnis her ist. (vgl. Z. 115 ff.)

10. Zustimmung oder Ablehnung der Aussage begründen

Zustimmung:

Ich stimme der Aussage Goethes zu, da man jeden Tag nutzen kann, etwas Neues zu lernen. Man kann jeden Tag frei entscheiden, welchen Beruf man ausüben möchte oder was man unternehmen möchte. Allerdings muss man dies auch wirklich wollen. Das Gefäß kann jeden Tag aufs Neue gefüllt werden.

Ablehnung:

Die Aussage Goethes lehne ich ab, da ich der Meinung bin, dass unsere Zeit begrenzt ist. Unser Leben wird jeden Tag durch viele Verpflichtungen eingeschränkt. Wir müssen zur Schule gehen, in einem Beruf arbeiten und unseren Alltag strukturieren. Durch diese Aufgaben ist der freie Anteil eines Tages sehr gering, man ist müde und hat nicht mehr die Kraft und Energie, die verbleibende Zeit zu füllen.

Teil II: Schreiben

Teil II.A: Textproduktion

Hier findest du eine beispielhafte Lösung zu b).

Mittlerweile kennt sie beinahe jeder: Smartwatches, die mit dem Handy gekoppelt sind und alle Informationen direkt auf das Handgelenk bringen. Immer mehr Menschen haben eine Smartwatch als Uhrersatz an ihrem Handgelenk. Aber haben sie auch wirklich einen Nutzen im Alltag? Diese Fragestellung wird nun folgend erörtert.

Das in meinen Augen schwerwiegendste Argument gegen das Verwenden einer Smartwatch ist der fehlende Datenschutz. Durch die mit dem Handy verbundene Uhr an meinem Handgelenk kann jederzeit nachvollzogen werden, wo ich mich wann befinde. Es gibt immer wieder Diskussionen über den fehlenden Datenschutz verschiedener Apps, so z. B. von Facebook oder Google. Diese Konzerne könnten den Träger einer Smartwatch jederzeit überprüfen und meine Bewegungsprofile weitergeben. Wer möchte schon gerne den ganzen Tag das Gefühl haben, überwacht zu werden? Ein weiterer Punkt, der gegen eine solche Uhr spricht, sind die hohen Anschaffungskosten. Für eine hochwertige Smartwatch muss man mindestens 100 Euro zahlen. Nach oben sind die Grenzen offen. Eine normale Armbanduhr erhält man schon für deutlich weniger Geld. Durch die hohen Anschaffungskosten ist eine Smartwatch nicht für alle Menschen erschwinglich, was ich ungerecht finde. Auf den Anschaffungspreis aufbauend haben Smartwatches den Nachteil, dass sie nicht so stylisch und auf jeden Typen abstimmbar sind wie normale Armbanduhren. Bei diesen gibt es eine große Vielfalt und für jeden Geschmack ist etwas dabei. Smartwatches hingegen sind oftmals große, viereckige Kasten am Handgelenk, die nicht besonders gut aussehen.

Für das Nutzen einer Smartwatch im Alltag spricht der Aspekt, dass sie am Handgelenk immer online ist und man somit alle Nachrichten erhält, die auf das eigene Handy eintreffen, ohne darauf schauen zu müssen. Das hilft in Situationen, in denen ein Blick auf das Handy unangebracht oder nicht möglich ist, z. B. in einem Gespräch. Des Weiteren kann eine Smartwatch mit einer eigenen SIM-Karte versehen werden, sodass sie eigenständig, ohne das Handy verwendet werden kann. Man kann angerufen werden oder selbst Anrufe tätigen, wenn man sein Handy vergessen oder verlegt hat. Am Handgelenk bekommt man nämlich viel besser und schneller mit, wenn die Smartwatch vibriert, als wenn man das Handy in der Hosentasche hat und es erst mühsam hervorkramen muss. Der wichtigste Vorteil einer Smartwatch ist ihre Nützlichkeit im Hinblick auf die eigene Fitness: Smartwatches messen die Herzfrequenz und können mithilfe dieser die Fitness berechnen. Sie messen, wie viele Schritte man an einem Tag macht, wie viele Treppen man gelaufen ist und geben den Kalorienverbrauch an. Des Weiteren können sie berechnen, wie viele Trainingsminuten man pro Tag absolviert hat. Das motiviert, sich mehr zu bewegen. Die eigene Uhr kann mit der von Freunden gekoppelt werden, sodass man sich bei Wettbewerben messen kann. Es können alle möglichen Sportarten eingestellt werden, sodass die Nutzung für sehr viele Menschen interessant ist.

Aufgrund der vorgestellten Argumente überwiegen für mich die positiven Aspekte bei der Nutzung einer Smartwatch. Deswegen würde ich den Kauf und die Verwendung empfehlen, vor allem in Hinblick auf die ständige Erreichbarkeit und zur Verbesserung der Fitness.

Teil II.B: Sprachliche Richtigkeit

Bei der Gewährung von Notenschutz aufgrund besonderer Schwierigkeiten beim Lesen und Schreiben gemäß §44 (2) der Verordnung zur Gestaltung des Schulverhältnisses in der für das Prüfungsjahr gültigen Fassung werden im Teil II.B nur die Aufgaben 3 und 4 gewertet. Die Höchstpunktzahl beträgt in diesem Fall zehn Punkte.

1. Zwölf Rechtschreib- und Zeichenfehler markieren und berichtigen

Unter „Geocaching" versteht man eine moderne Art der ~~Schnitzeljagt~~ **Schnitzeljagd**. „Geo" steht für die Erde und „Cache" für ein geheimes Lager. Bei dieser ~~elecktronischen~~ **elektronischen** Schatzsuche versteckt jemand eine wasserdichte Box**,** worin sich ein ~~sogenantes~~ **sogenanntes** Logbuch und Dinge befinden, die als Schatz dienen. Derjenige, der die Box versteckt, notiert später im Internet, wo sie mithilfe von ~~Kordinaten~~ **Koordinaten** zu finden ist. Um die Stelle ausfindig zu machen, kann man GPS-Geräte, Smartphones oder sehr genaue ~~Landtkarten~~ **Landkarten** nutzen. Wer den Schatz ~~endeckt~~ **entdeckt** hat, öffnet die Box, trägt sich mit Fantasienamen in das Logbuch ein und darf das, was sich darin befindet, austauschen. ~~Anschliesend~~ **Anschließend** wird die Box an dem Ort belassen**,** damit auch andere Personen weiterhin danach suchen können.
Im Internet notiert man dann, dass man den Schatz gefunden hat. So weiß auch der Mensch, der den Schatz versteckt hat**,** was sich am Versteck tut.
Geocaching gibt es bereits über fünfzehn Jahre lang. Die Idee hatte ein Mann namens Dave Ulmer aus den USA. Er vergrub einen schwarzen Plastikeimer mit CDs, Videokassetten, Geldscheinen, einem Buch, einer Steinschleuder und einer Dose ~~Bonen~~ **Bohnen**. Danach schrieb er im Internet, wo die Sachen zu finden sind. Eine Regel lautet, ~~das~~ **dass** man für alles, was man aus der Box entnimmt, wieder etwas hinlegen muss.

Quelle: Nach: http://www.nachrichtenfuerkinder.de/wissen/technik/article/geocaching-die-moderne-schnitzeljagd (abgerufen am 14.05.2019)

2. Groß- oder Kleinschreibung

c) Am Morgen vor dem Starten musste jemand das Aufpumpen der Reifen übernehmen.

d) Letztes Jahr beschwerte sich Christian: „Ich habe keine Lust zu pumpen!"

f) Daher kümmerte er sich um ein paar Salate, leckere Würstchen und frisches Brot.

k) Am Abend machten wir uns als Erstes hungrig über das Essen her.

3. Schreibweise und Wortart bestimmen

Das Alpenmurmeltier, **das (R)** mit den Eichhörnchen verwandt ist und im Gebirge lebt, ist eine von weltweit fünfzehn Murmeltierarten. Es ist bekannt, **dass (K)** sich eine Sippe mit bis zu zwanzig Tieren einen unterirdischen Bau teilt. Für **das (A)** Leben im Untergrund und den Tunnelbau sind sie perfekt ausgestattet. Sie bauen sich ihre Tunnel selbst. **Das (D)** gelingt ihnen, indem sie mit ihren Nagezähnen die Erde auflockern und sich mit ihren Grabpfoten vorwärtsbewegen.
Im Verlauf des Winterschlafs, **das (D)** konnte man beobachten, verliert der Nager fast ein Drittel seines Gewichtes.

Quelle: Nach: https://geo.de/geolino/tierlexikon/2097-rtkl-tierlexikon-alpenmurmeltier (abgerufen am 14.05.2019)

4. Sätze in Aktiv- oder Passivform umformen

Aktiv	Passiv
Zunächst stellt man die Zutaten für den Zitronenkuchen bereit.	**Die Zutaten für den Zitronenkuchen werden zunächst bereitgestellt.**
Nachdem man die Zutaten abgewogen hat, verrührt man sie zu einem Teig.	**Nachdem die Zutaten abgewogen worden sind, werden sie zu einem Teig verrührt.**
Nun füllt man den Teig in eine Kastenform.	Nun wird der Teig in eine Kastenform gefüllt.
Man backt den Kuchen bei 180 Grad für 25 Minuten.	Der Kuchen wird bei 180 Grad für 25 Minuten gebacken.

Deutsch-Prüfung 2021

Text 1 – Der Lacher (Heinrich Böll)

Teil I: Lesen

1. Richtige Aussage ankreuzen

a) ☒ Lacher.
b) ☒ ausgesprochen gefragt.
c) ☒ beschwerlich.
d) ☒ niemals.
e) ☒ ernster

2. Richtige Aussage ankreuzen

a) ☒ sehr selbstsicher ist.
b) ☒ andere Menschen zum Mitlachen bringt.
c) ☒ seine Situation bedauert.
d) ☒ zurückhaltend zu sein scheint.

3. Richtige Antwort ankreuzen

a) ☒ Nur B und D stehen im Text.
b) ☒ Nur C und D stehen im Text.

4. Vier Merkmale einer Kurzgeschichte nennen und belegen

Mögliche Lösungen:
- direkter Einstieg (Z. 1 ff.)
- wenige Charaktere (der Lacher und seine Frau)
- geringer Handlungsumfang (es geht nur um den inneren Konflikt der Hauptfigur)
- keine näheren Informationen zu Handlungsort, Figuren oder Zeit (im Mittelpunkt steht nur der namenlose Protagonist)
- offener Schluss: Ausgang ist ungewiss, regt zum Nachdenken an (Z. 91 f.)

5. Stilmittel Parenthese und dessen Wirkung anhand der Textstelle erklären

- Erklärung des Stilmittels:
  Eine Parenthese ist ein Einschub in einen Satz, der mit Gedankenstrichen oder Kommata abgetrennt ist.
- Wirkung des Stilmittels im Text:
  Das Stilmittel der Parenthese unterbricht an dieser Stelle den Lesefluss mit einem ergänzenden Kommentar. Der Erzähler räumt ein, dass die Menschen ihn vielleicht zu Recht für einen Pessimisten halten.

6. Behauptung anhand zweier Textstellen erläutern

Mögliche Lösungen:
- Der Protagonist nennt sich selbst einen sicheren Menschen (vgl. Z. 3), wenn man ihn nach seinem Beruf fragt, wird er allerdings verlegen. (vgl. Z. 1 f.)
- Der Erzähler bezeichnet sich als einen „todernste[n] Mensch[en]" (Z. 67 ff.), übt aber gleichzeitig den Beruf eines Lachers aus.

- Obwohl Lachen sein Beruf ist und er alle Nuancen beherrscht (vgl. Z. 13 ff.), kennt er sein eigenes Lachen nicht. (vgl. Z. 91 f.)

7. a) Aussage des Lachers über seinen Beruf erklären

Im Gegensatz zu einem Clown oder Komiker sieht der Erzähler seine Aufgabe nicht darin, die Menschen zu unterhalten oder zu erheitern. Seine Aufgabe besteht stattdessen für ihn in der exakten Wiedergabe von verschiedenen Arten des Lachens.

b) Aussage des Erzählers anhand zweier Textstellen erläutern

Mögliche Lösungen:

- Am Ende seines Arbeitstages ist er durch das ständige Lachen so ermüdet (vgl. Z. 51 ff.), dass er abends nicht mehr lachen möchte. (vgl. Z. 57 f.)
- Da er es dann nicht mehr schafft, nach der Arbeit richtig zu lachen (vgl. Z 66 f.), ist ihm selbst sein eigenes Lachen unbekannt. (vgl. Z. 91 f.)

8. Anhand zweier Textstellen herausarbeiten, wie der Beruf des Lachers in die damalige Zeit passt

Mögliche Lösungen:

- Die Nachkriegsjahre waren geprägt von dem Verlust von Angehörigen und Heimat. Hinter dem aufgesetzten Lachen des Lachers verbirgt sich ebenfalls keine Fröhlichkeit, sondern ein ernster Mensch (vgl. Z. 67 ff., Z. 89), der sein eigenes Lachen außerhalb seiner Arbeit überhaupt nicht kennt. (vgl. Z. 91 f.)
- Die Menschen wollen die grausamen Jahre des Krieges möglichst schnell vergessen und das geht am besten mit Fröhlichkeit und Lachen. Daher ist seine Kunst des professionellen Lachens so gefragt, dass er davon leben kann. (vgl. Z. 10 – 13)
- Durch das aufgesetzte und professionelle Lachen werden die eigentlichen Gefühle wie Wut, Trauer, Schuld oder Angst überspielt. Er ist kein heiterer, fröhlicher Mensch. Er kennt noch nicht mal sein eigenes Lachen (vgl. Z. 91 f.) und sagt, dass die Leute ihn zu Recht einen „Pessimisten" nennen. (vgl. Z. 68 f.)

9. Zustimmung oder Ablehnung der Aussage begründen

Zustimmung:
Man verbringt sehr viel Zeit an seinem Arbeitsplatz, deswegen ist die richtige Berufswahl von großer Bedeutung. Am Beispiel des Lachers kann man sehen, was passiert, wenn der Beruf nicht zu einem passt. Er schafft es nicht mehr, in seiner Freizeit zu lachen (vgl. Z. 70 ff.), was sich auch stark auf seine Frau und damit auf die eigene Familie auswirkt. (vgl. Z. 77 f.) Er sehnt jeden Feierabend herbei (vgl. Z. 51 ff.), was ebenfalls zeigt, dass ihm der Beruf eigentlich keinen Spaß macht.

Ablehnung:
Wenn man den Beruf als Arbeit, von der man sein Leben bestreiten kann, ansieht, hat der Erzähler seinen Beruf passend gewählt, denn dies trifft auf ihn zu. (vgl. Z. 10 f.) Er hat ein Leben ohne finanzielle Sorgen. Gleichzeitig scheint er ein gefragter und erfolgreicher Mann zu sein (vgl. Z. 31, Z, 39 – 42), weil er so gut in seinem Beruf ist. Deswegen kann man bei ihm nicht von einer falschen Berufswahl sprechen.

Teil II: Schreiben

Teil II.A: Textproduktion

Hier findest du eine beispielhafte Lösung zu b).

Jeder kennt die Wandertage, an denen man sich als Klasse überlegt, was man gemeinsam unternehmen möchte. Hier bieten sich Ausflüge wie der Besuch von Kinos, Freizeitparks, Kletterparks an. An unserer Schule gibt es nun den Vorschlag, dass alle Jahrgänge dreimal im Halbjahr gemeinsam kulturelle Veranstaltungen wie Theater, Oper oder Ballett besuchen sollen. Das Für und Wider dieses Vorschlages wird im Folgenden diskutiert.

Das erste Argument, welches in meinen Augen gegen den Vorschlag spricht, ist der ausfallende Unterricht. Durch Krankheit bzw. Quarantäne von Lehrkräften oder Schüler/-innen fällt immer wieder Unterricht aus. Dieser Ausfall ist nicht planbar und tritt manchmal z. B. kurz vor wichtigen Arbeiten auf. Wenn es nun in jedem Halbjahr jeweils drei kulturelle Ausflüge gibt, dann fallen im Schuljahr bereits sechs Unterrichtstage aus. In bestimmten Situationen kann dies zu Ungunsten der Lernenden sein. Ein weiteres Argument gegen solche Veranstaltungen kann das fehlende Interesse der Schüler/-innen sein. Kulturelle Veranstaltungen haben nicht immer einen guten Ruf und gelten teilweise als langweilig, vor allem junge Menschen interessieren sich z. B. oft für andere Musikrichtungen. Langeweile kann dazu führen, dass die Lernenden keine Lust auf die Ausflüge haben, was wiederum zur Folge haben kann, dass sie diese Veranstaltungen durch ihr Benehmen stören. Zu den genannten Argumenten kommt hinzu, dass diese Veranstaltungen, vor allem Theater, Oper und Ballett, teilweise viel Eintritt kosten. Dieses Geld müsste von den Eltern gezahlt werden, so würden in einem Schuljahr für sechs Veranstaltungen sicherlich mehr als hundert Euro an Kosten pro Kind zusammenkommen. Dies ist ein nicht unerheblicher Betrag.

Den aufgeführten Argumenten stehen die gegenüber, die für kulturelle Ausflüge sprechen: Zuerst zu nennen ist der Wissenszuwachs der Lernenden. Die genannten Veranstaltungen bilden Bereiche wie z. B. Fantasie, Bücher und Dramen ab, die für viele Jugendliche nicht zum Alltag gehören. Durch Besuche solcher Veranstaltungen, z. B. das Theaterstück „Faust", kommen die Schüler/-innen mit Kulturgut in Berührung, das eventuell ihr Interesse für Kultur weckt. Dies würde bei vielen außerhalb der Schule wahrscheinlich eher nicht geschehen. Diese „Kulturtage" können sich positiv auf das Schulleben auswirken, indem sie Schüler/-innen dazu anregen, selbst Schulveranstaltungen wie das Aufführen eines Theaterstücks, eines Musicals oder einer Oper zu organisieren oder daran mitzuwirken, sei es durch das Bilden einer AG oder auch nur durch die Bereitschaft, Lehrkräfte in ihrem Vorhaben einer solchen Veranstaltung zu unterstützen. Das Stärken der Klassengemeinschaft durch den gemeinsamen Besuch dieser Veranstaltungen ist in meinen Augen das stärkste Argument. Die Anreise zu den Vorführungen per Bus oder Bahn sowie die gemeinsame Vor-, Nachbereitung, ebenso das gemeinsame Erleben stärken eine Klassengemeinschaft und führen zu einem stärkeren Miteinander. Da dies sechsmal im Schuljahr geschehen würde, kann man davon ausgehen, dass solche Ausflüge einen positiven Effekt sowohl auf die Lehrer-Schüler-Bindung als auch auf die Klassengemeinschaft haben würden. Diese Abwechslung im Schulalltag bleibt allen in Erinnerung.

Nach Abwägung der angeführten Argumente komme ich zu dem Schluss, sechs Besuche kultureller Veranstaltungen im Schuljahr zu befürworten. Ich freue mich schon darauf, bisher unbekannte Bereiche wie Oper oder Ballett kennenzulernen.

Text 2 – So gut kann Plastik sein (Patrick Bernau)

Teil I: Lesen

1. Richtige Aussage ankreuzen

a) ☒ erstellt Fotocollagen aus Abfall.

b) ☒ berät die Schweiz in Umweltfragen.

c) ☒ Plastik sei nicht so umweltschädlich wie vermutet.

d) ☒ kommen Chemikalien zum Einsatz.

e) ☒ Asien und Afrika.

2. Richtige Aussage ankreuzen

a) ☒ keine Rolle mehr gespielt haben.

b) ☒ verderben.

c) ☒ nicht mehr anbieten.

3. Richtige Aussage ankreuzen

a) ☒ Nur C und D stehen im Text.

4. Vier Merkmale eines journalistischen Textes nennen und belegen

Mögliche Lösungen:

- Vorspann, Teaser (Z. 1 ff.)
- erlebnisorientierter Einstieg (Z. 4 ff.)
- Fakten, Daten, Erläuterungen für das Hintergrundwissen (z. B.: Z. 16 ff., Z. 27 ff., Z. 31 – 35, Z. 39 ff.)
- Expertenmeinung (z. B.: Z. 44 ff., Z. 62 – 65, Z. 100 ff., Z. 107 – 110)
- Autorenkommentar (z. B.: Z. 4 ff., Z. 15 f., Z. 21 f., Z. 23 f., Z. 27)
- Fazit (Z. 153 – 159)

5. Stilmittel Personifikation und dessen Bedeutung im Text erklären

- Erklärung des Stilmittels:
  Eine Personifikation vermenschlicht Tiere, Pflanzen, Gegenstände oder abstrakte Begriffe. Ihnen werden menschliche Fähigkeiten oder Eigenschaften zugeordnet.
- Wirkung des Stilmittels im Text:
  Durch die Personifikation wird ausgedrückt, dass die Kunststoffindustrie auf aktuelle Entwicklungen nicht rechtzeitig reagiert hat. Dies wird mit dem Verb „geschlafen" ausgedrückt, die Industrie hat also nicht aufgepasst.

6. Stilmittel rhetorische Frage und deren Wirkung erklären

- Erklärung des Stilmittels:
  Auf eine rhetorische Frage wird keine Antwort erwartet oder diese ist bereits bekannt.
- Wirkung des Stilmittels im Text:
  Im Text werden viele Vorteile von Plastik im Vergleich zu anderen Materialien genannt. Daher kann es auf die Frage, welche Empfehlung denn nun gegeben werden könne, nur eine Antwort geben, die lautet: „Greift öfter mal zum Plastik!" (Z. 136)

7. a) Anhand zweier Textbeispiele Vorteile der Plastikflaschen gegenüber Glasflaschen herausarbeiten

Mögliche Lösungen:

- Zur Herstellung von Glas wird viel Energie benötigt. (vgl. Z. 52 ff.) Im Vergleich dazu verbraucht Plastik in der Herstellung weniger Energie und Wasser. (vgl. Z. 97 f.)
- Um Glasflaschen reinigen zu können, müssen sie transportiert werden, was eine Menge Energie kostet, da Glas sehr schwer ist. (vgl. Z. 60 ff.) Plastik hingegen ist wesentlich leichter und benötigt deswegen beim Transport weniger Energie. (vgl. Z. 94 – 97)

b) Anhand zwei weiterer Beispiele Vorteile von Plastik herausarbeiten

Mögliche Lösungen:

- Kleinere Portionen kann man meist nur in einer Plastikverpackung kaufen. Im Gegensatz dazu werden in Gläsern größere Portionen angeboten. Somit sind Plastikverpackungen im Hinblick auf Lebensmittelverschwendung sinnvoll, da nicht so viel weggeworfen wird wie bei den größeren Glasportionen. (vgl. Z. 103 – 111)
- Eine Plastikhülle sorgt bei Obst und Gemüse dafür, dass dieses weniger schnell verdirbt. Oftmals ist sie sogar ein besserer Schutz als die eigene Schale des Obstes oder Gemüses. (vgl. Z. 112 – 117) Das Gleiche gilt für Tofu, auch hier gibt es Probleme, wenn man ihn unverpackt lässt. (vgl. Z. 127 – 130)

8. Bedeutung des Satzes im Textzusammenhang erklären

Aufgrund von Umweltproblemen hat Plastik in der heutigen Gesellschaft einen sehr schlechten Ruf. Es wird ständig versucht, Plastik einzusparen, z. B. durch das Verbot von Plastiktüten oder von Plastikbesteck.

9. Zustimmung oder Ablehnung der Behauptung begründen

Zustimmung:
In meinen Augen ist es trotz der genannten Aspekte sinnvoll, Plastik einzusparen. Jeder von uns kennt die Bilder von Meerestieren, die aufgrund von gefressenen Plastikteilchen verenden. In den letzten Jahren waren auch Müllstrudel in den Weltmeeren ein großes Thema. Diese bestehen hauptsächlich aus Plastik. Plastik ist in unserem Alltag überall zu finden. Beispielsweise werden Spülmaschinentabs oft mit Plastik umhüllt. Das löst sich auf und landet als Mikroplastik im Abwasser und anschließend im Wasserkreislauf. Deswegen sollte weiterhin versucht werden, so viel Plastik wie nur möglich einzusparen.

Ablehnung:
Im Text wird ausführlich auf den Vergleich von Plastik- und Glasflaschen eingegangen, dabei werden verschiedene Aspekte beleuchtet. Glas benötigt z. B. bei der Herstellung, beim Transport und bei der Reinigung viel mehr Energie als Plastikflaschen. Deswegen muss man im Vergleich aus Umweltschutzsicht eigentlich Plastikflaschen gegenüber Glasflaschen bevorzugen. Plastik sollte also nicht grundsätzlich vermieden werden.

10. Anhand zwei eigener Beispiele erläutern, wo es sinnvoll ist, Plastik einzusparen

Mögliche Lösungen:

- Beim Lebensmittelkauf kann man auf Plastiktüten verzichten. Stattdessen können mitgebrachte Beutel aus Stoff oder Tüten aus Papier immer wieder verwendet werden.
- In immer mehr Restaurants werden Speisen zum Mitnehmen nicht mehr in Plastikbehältnissen verkauft, sondern in recycelbaren oder wiederverwendbaren Behältnissen.
- Mineralwasser in Plastikflaschen lässt sich ebenso vermeiden. Man kann stattdessen eigene Glasflaschen verwenden und sein Wasser zu Hause sprudeln, da Leitungswasser ebenso gut wie Mineralwasser ist.
- Supermärkte könnten verstärkt darauf achten, die meisten Obst- und Gemüsesorten ohne Plastikverpackung anzubieten. Als Verbraucher/-in kann man unverpackte Lebensmittel auch auf dem Wochenmarkt kaufen.

Teil II: Schreiben

Teil II.A: Textproduktion

Hier findest du eine beispielhafte Lösung zu b).

Eine schöne Überraschung

Endlich waren die großen Ferien da! Im letzten Jahr musste ich meinen herbeigesehnten Sommerurlaub leider absagen, da meine Freundin sich kurz vorher von mir getrennt hatte. Wir wollten eigentlich zusammen nach Kroatien fahren. Nun also, ein Jahr später, konnte es endlich losgehen! Ich hatte eine Ferienwohnung direkt am Meer gebucht, damit ich lange Strandsparziergänge machen konnte. Für meine Urlaubswoche war durchwachsenes Wetter vorausgesagt, was mich freute, weil bei schlechtem Wetter nicht so viele Menschen am Strand sein würden.
Am ersten Morgen startete ich gleich meinen ersten Spaziergang. Es war gerade Flut und in der Nacht hatte es ordentlich gestürmt. Ich lief direkt am Wasser entlang. Durch den Sturm waren viele Dinge an den Strand gespült worden. Mir fiel direkt eine Kette ins Auge. Ich fischte sie aus dem Wasser und sofort kamen mir wieder Bilder meiner Exfreundin in den Sinn, die eine ähnliche Kette hatte. „Mensch", dachte ich mir, „du musst doch jetzt endlich mal an etwas anderes denken können." Also brachte ich die Kette zum nächsten Mülleimer und ging weiter. Nach einer Weile fiel mir eine schöne Muschel auf, die ich mir sofort ans Ohr hielt. Es klang wunderschön und ich steckte die Muschel ein. Ich näherte mich dem nächsten Dorf und entdeckte auf einem Stein einen Kinderschuh, der dort anscheinend vergessen wurde. „Ach Ben, irgendwann wirst auch du hoffentlich eine Familie gründen", waren meine Gedanken, die ich aber sofort verwarf und schnell weiterlief. Plötzlich hörte ich hinter mir ein Bellen, welches immer näherkam. Mit einem kurzen Blick nach hinten erkannte ich, dass es sich um einen großen Hund handelte, der genau auf mich zulief. Ich begann, zu rennen, das spornte den Hund aber nur noch mehr an. Also blieb ich stehen und erwartete das Schlimmste. Als der Hund mich erreichte, blieb mir fast das Herz stehen. Er sprang an mir hoch und, was ein Glück, er schleckte mir nur durchs Gesicht. „Wo ist denn nur der blöde Besitzer des Hundes?", fragte ich mich. Von weitem hörte ich nach ein bis zwei Minuten eine Stimme rufen. „Bello, bei Fuß!" Ich erkannte, dass es ein Mädchen war, das nun völlig atemlos angerannt kam. Mir fiel sofort ihr fröhliches Lachen auf. „Tut mir leid", sagte sie, „ich konnte Bello nicht mehr folgen." Ich war so überrascht, dass ich kein Wort herausbrachte. „Hallo, ignorierst du mich?" Nun erwachte ich wieder zum Leben, stellte mich vor und fragte sie

nach ihrem Namen. Nachdem wir dies geklärt hatten, entschuldigte sie sich noch mal. Wir gingen den letzten Teil des Weges gemeinsam und verabredeten uns für den folgenden Tag am Strand. Als ich abends in meiner Wohnung saß, dachte ich über diese besondere Begegnung nach. „Was für eine schöne Überraschung", war mein Gedanke in diesem Augenblick.

Teil II.B: Sprachliche Richtigkeit

Bei der Gewährung von Notenschutz aufgrund besonderer Schwierigkeiten beim Lesen und Schreiben gemäß §44 (2) der Verordnung zur Gestaltung des Schulverhältnisses in der für das Prüfungsjahr gültigen Fassung werden im Teil II.B nur die Aufgaben 3 und 4 gewertet. Die Höchstpunktzahl beträgt in diesem Fall zehn Punkte.

1. Zwölf Rechtschreib- und Zeichenfehler markieren und berichtigen

Applaus scheint ein ~~Uhrbedürfnis~~ **Urbedürfnis** des Menschen zu sein. Moderne Europäer sorgen auf Rock- und Popkonzerten damit für Stimmung und ~~erwaisen~~ **erweisen** Sportlern im Wettkampf und Schauspielern auf der Bühne so Respekt. Im antiken Griechenland war Beifall ein ~~Geeignetes~~ **geeignetes** Mittel, die Dramenwettbewerbe zu ~~beeinflußen~~ **beeinflussen**, ähnlich einem Applausmessgerät bei einer TV-Show oder einem Poetry Slam. Applaus ist immer auch Ausdruck gesellschaftlicher ~~Konvenzionen~~ **Konventionen**, zum Beispiel der Standardapplaus. In Deutschland kann jeder Künstler vor einem Publikum damit rechnen. Anders in Italien: Nach einem Konzert des Pianisten Alfred Brendel habe dort einmal niemand geklatscht**,** erinnert sich eine Musikwissenschaftlerin. Selbst bei Nichtgefallen sei so etwas hierzulande undenkbar.

Dass Klatschen gelernt sein will, veranschaulicht die Reihe von Gesten**,** mit denen Römer ihrem Gefallen einst Ausdruck verliehen. Man konnte den Zipfel der Toga ~~schwencken~~ **schwenken**, mit einem ~~spetziellen~~ **speziellen** Taschentuch wehen, nicken oder mit den Fingern schnipsen. Wer in die Hände klatschte**,** zeigte sich hellauf begeistert. Auf die Spitze soll es Kaiser Nero getrieben haben, der ~~durchchnittliches~~ **durchschnittliches** Talent besaß, sich aber für einen großen Künstler hielt. Er stellte ein Heer von Männern zusammen und ließ sie in der Kunst des Beifalls ~~unterichten~~ **unterrichten**, um sich mit ihrer Hilfe zum Publikumsliebling von musischen Wettbewerben erklären zu lassen.

Quelle: Nach: http://www.faz.net/aktuell/stil/trends-nischen/klatschen-und-jetzt-alle-16556146.html (abgerufen am 08.04.2020)

2. Groß- oder Kleinschreibung

b) Wir haben uns bereit erklärt, ihn morgen Abend beim Vorbereiten zu unterstützen.

c) Für das leibliche Wohl ist gesorgt, die eine Hälfte bringt Essen, die andere zu trinken mit.

e) Sevda bringt drei Dutzend rote Laternen mit, denn Rot ist ihre Lieblingsfarbe.

k) Denn es gibt eine Million Gründe, ihm etwas Gutes zu tun!

3. Schreibweise und Wortart bestimmen

In der Antike war **das (A)** Blau, **das (R)** wir heute als selbstverständlich hinnehmen, eine seltene und teure Farbe. Es ist verblüffend, **dass (K)** selbst im frühen Mittelalter Dichter den Himmel meist noch als weiß, rot oder golden, aber nie als blau bezeichneten, weil es noch kein einheitliches Wort dafür gab. **Das (D)** änderte sich allmählich ab etwa dem 12. Jahrhundert, als z. B. die Kirche und Könige diese wertvolle Farbe für sich entdeckten.
Blau gibt es heute in allen Schattierungen, und **das (A)** meistverkaufte Kleidungsstück ist die „Blue Jeans".

Nach: https://www.geo.de/geolino/forschung-und-technik/15962-rtkl-farbenlehre-wieso-die-farbe-blau-erst-spaet-entdeckt-wurde (abgerufen am 08.04.2020).

4. Sätze in Aktiv- oder Passivform umformen

Aktiv	Passiv
Mit Hocksprüngen trainiert man viele Muskeln.	**Mit Hocksprüngen werden viele Muskeln trainiert.**
Aus der gehockten Position springt man schnell vom Boden ab.	Aus der gehockten Position wird schnell vom Boden abgesprungen.
Während des Sprungs zieht man die Knie zur Brust.	**Während des Sprungs werden die Knie zur Brust gezogen.**
Nachdem man einen Sprung absolviert hat, leitet man sofort den nächsten ein.	Nachdem ein Sprung absolviert worden ist, wird sofort der nächste eingeleitet.

Text 1 – Die Geschichte von Herrn Sommer (Patrick Süßkind)

Teil I: Lesen

1. Richtige Aussage ankreuzen

a) ☒ Herbst.
b) ☒ hat eine Schwester und einen Bruder.
c) ☒ die Terrasse zu hart
d) ☒ im ersten Schuljahr
e) ☒ einen armdicken Ast.
f) ☒ fast 40 Jahre

2. Richtige Aussage ankreuzen

a) ☒ als Junge knapp über einen Meter groß war.
b) ☒ beinahe.
c) ☒ langsam.
d) ☒ suchend.

3. Richtige Antwort ankreuzen

a) ☒ Nur B und D sind richtig.
b) ☒ Nur A und D stehen im Text.

4. Stilmittel der Parenthese und dessen Wirkung anhand der Textstelle erklären

- Erklärung des Stilmittels:
  Eine Parenthese ist ein Einschub in einen Satz, der mit Gedankenstrichen oder Kommata abgetrennt ist.
- Wirkung des Stilmittels an dieser Textstelle:
  Das Stilmittel unterbricht an dieser Stelle den Redestrom des Ich-Erzählers, womit der Einschub besonders betont wird. Hervorgehoben wird dadurch die Aussage des Erzählers, dass er tatsächlich fliegen konnte, ob man es glaubt oder nicht.

5. Stilmittel der Personifikation und dessen Wirkung anhand der Textstelle erklären

- Erklärung des Stilmittels:
  Eine Personifikation vermenschlicht Tiere, Pflanzen, abstrakte Begriffe und Gegenstände. Ihnen werden durch eine Personifikation menschlichen Eigenschaften oder Fähigkeiten zugeschrieben.
- Wirkung des Stilmittels an dieser Textstelle:
  Durch die Personifikation wird zum Ausdruck gebracht, dass der Wind so stark geweht hat, dass er wie ein Mensch den Erzähler hochheben kann.

6. a) Drei Textstellen zitieren, die zeigen, dass der Erzähler nie geflogen ist

- „ – oder wenigstens fast" (Z. 5)
- „Es hätte seinerseits […], wenn ich es nur wirklich ganz fest gewollt und richtig versucht hätte, […]." (Z. 6 ff.)
- „[…], dass ich einmal um ein Haar geflogen wäre, […]." (Z. 9 f.)
- „[…], jedenfalls flog ich beinahe, und hätte ich nur meinen Mantel aufgeknöpft und beide Hälften in die Hände genommen und wie Flügel ausgebreitet […]." (Z. 22 – 25)

b) Anhand zweier Textstellen weitere Übertreibungen des Erzählers herausarbeiten

Mögliche Lösungen:

- Direkt am Beginn der Erzählung übertreibt der Erzähler damit, dass er so leicht gewesen sei, dass er habe fliegen können. (vgl. Z. 3 f.)
- Er übertreibt mit der Aussage, er habe aufgrund des starken Windes drei Meter hohe und zwölf Meter weite Sprünge machen können. (vgl. Z. 18 – 21)
- Er behauptet, er könne mithilfe seines Hinterkopfes das Wetter des nächsten Tages bestimmen und zwar zuverlässiger als ein Wetterdienst. (vgl. Z. 91 – 95)

7. Anhand zweier Beispiele erläutern, dass der Erzähler seit dem Sturz an Unkonzentriertheit leidet

Mögliche Lösungen:

- Der Erzähler springt oftmals in seinen Gedanken von einem Thema zu einem anderen Thema. Er springt vom Bäumeklettern (vgl. Z. 1) übers Fliegen (vgl. Z. 4) bis hin zu seinem Hinterkopf als Barometer. (vgl. Z. 92)
- Durch den Einschub einiger Parenthesen betont der Erzähler immer wieder neue Gedanken, die es erschweren, der Erzählung zu folgen. (vgl. Z. 4 f., Z. 16 f., Z. 21 f.)
- Seine Erzählung über den Sturz von der Tanne schmückt er mit wissenschaftlichen Fakten über die Galileischen Fallgesetze und die Schwerkraft aus. Diese Fakten sind unnötig für das Erzählen vom Sturz. (vgl. Z. 58 – 79, Z. 79 ff.)

8. Mithilfe der Definition erklären, warum der Erzähler die Schwerkraft als Gängelband wahrnimmt

Die Schwerkraft hat uns im Griff. Alles auf der Erde unterliegt der Schwerkraft, sie hält uns auf der Erde fest so wie ein Gängelband die Kinder festhält. Der Erzähler äußert seine Sehnsucht, der Schwerkraft zu entkommen. Dies ist aber nur unter Wasser und im Mutterleib möglich, hier schwebt man und ist somit zumindest zu einem gewissen Teil vom Gängelband der Schwerkraft befreit.

9. a) Zitat in eigenen Worten erklären

Mithilfe unserer Fantasie können wir Menschen alles. Wir können uns vorstellen, wie es wäre, zu fliegen oder berühmt zu sein. Wir können an entfernte Orte reisen in unserer Fantasie, sie uns vorstellen, ohne jemals da gewesen zu sein. Durch Fantasie lassen sich Träume real anfühlen. Allerdings ist dies nur auf unsere Gedanken beschränkt und lässt sich größtenteils nicht auf die Wirklichkeit übertragen.

b) Begründen, inwiefern das Zitat auf die Erzählung zutrifft

Durch seine lebendige Erzählung mit den anschaulichen Beispielen macht der Erzähler sehr deutlich, dass es sein großer Traum ist, einmal selbst zu fliegen. In seiner Fantasie hat er viele solcher Erlebnisse durchlebt und lässt die Leser/-innen daran teilhaben. Man kann beim Zuhören gut in seine Geschichte eintauchen und sie nachvollziehen.

Teil II: Schreiben

Teil II.A: Textproduktion

Hier findest du eine beispielhafte Lösung zu c).

Für und Wider Ausbau der Sportangebote für Schüler/-innen an Schulen

Immer mehr junge Menschen leiden an Übergewicht. Dies ist mittlerweile ein großes gesellschaftliches Thema. Da Mädchen und Jungen heutzutage einen Großteil ihres Tages in der Schule verbringen, kommt zwangsläufig die Frage auf, ob es an Schulen mehr Bewegungs- und Sportangebote geben sollte. Diese Thematik wird im Folgenden diskutiert.

Das stärkste Argument, welches in meinen Augen gegen eine Erweiterung des Sportangebotes spricht, ist, dass es sehr schwer wäre, die neuen Angebote mit dem Schulalltag zu vereinbaren. Viele Schüler/-innen besuchen mittlerweile Ganztagsschulen, an denen sie auch jetzt schon Nachmittagsunterricht haben. Wo soll da noch Zeit für zusätzliche Stunden sein, wenn man nicht andere Fächer kürzen möchte? Des Weiteren wären durch eine schulische Erhöhung der Angebote die schulexternen Sportvereine benachteiligt, da deren Mitglieder eventuell so viel Sport und Bewegung in der Schule hätten, dass sie außerhalb der Schule in keinem Sportverein mehr aktiv wären. Natürlich wären die Jugendlichen bei mehr Stunden automatisch länger in der Schule, was neben den Sportvereinen natürlich auch alle privaten Aktivitäten wie zum Beispiel Musik- oder Reitunterricht beträfe. Außerschulische Aktivitäten finden oftmals bereits am Nachmittag statt und können aufgrund von mangelnden Hallenzeiten oder bei jüngeren Lernenden wegen des Alters gar nicht zu späteren Zeiten angeboten werden. Hinzu kommt noch, dass alle Fächer in der Schule eine Gewichtung besitzen. Bekäme jetzt ein Fach wie zum Beispiel Sport mehr Stunden und somit eine höhere Wertigkeit, könnte man auch dagegen argumentieren, warum Sport denn wichtiger sei als beispielsweise musische, künstlerische oder naturwissenschaftliche Bildung. Kinder müssen nicht zwangsläufig Sport machen, um gesund zu leben oder ausgeglichen zu sein. Musik kann z. B. genau die gleiche Wirkung haben. Somit würde mit der Erweiterung des Sportangebotes eine Diskussion über Wertigkeiten beginnen.

Jeder kennt heutzutage das Phänomen ADHS (Aufmerksamkeits-Defizit-Hyperaktivitäts-Störung). Immer mehr Kinder sind davon betroffen. Oftmals fehlt diesen Kindern auch Bewegung und Auslastung. Diese Problematik könnte durch ein zusätzliches Sport- und Bewegungsangebot an Schulen verringert werden, indem man gezielt Lernende mit diesen Schwierigkeiten im Verhalten anspricht. Ich glaube, dass es hier durchaus zu einer Zusammenarbeit von Schule und Sportvereinen kommen könnte, damit die neuen Angebote abgedeckt werden können. So gäbe es für die Vereine auch eine Möglichkeit, Kinder von ihrer Sportart zu begeistern und somit in den Verein zu bringen. Ein weiteres Argument für eine Erhöhung wäre ebenfalls das aktuelle gesellschaftliche Problem, dass immer weniger Kinder schwimmen können. Eventuell könnten die zusätzlichen Angebote so mit den Schwimmbädern verknüpft werden, dass mehr Kinder schwimmen lernen. Natürlich wäre dies aufwendig, aber in meinen Augen machbar und auch lohnend. Gleichzeitig würde man mit einem erhöhten Angebot an Bewegung und Sport auch die

Lernenden mit Gewichtsproblemen erreichen und ihnen eine Unterstützung beim Erlernen gesunder Ernährungsweisen und ausreichender Bewegung sein. Hierzu müssten Sportlehrende sicherlich extra Fortbildungen erhalten, aber ich denke, dann wäre dieses Angebot durchaus abdeckbar und ein lohnendes Ziel. In meinen Augen ist das stärkste Argument für ein höheres Sportangebot das Kennenlernen von gemeinsamen Aktivitäten in einer Gruppe. Immer mehr Heranwachsende haben noch nie in einem Team gespielt. Sport fördert positives Sozialverhalten, da man lernt, mit vielen Emotionen wie zum Beispiel Frust, Freude oder Rücksichtnahme umzugehen und sie zu verarbeiten. In einem Teamsport kommt es immer vor, dass eine Person der Mannschaft einen Fehler macht und deswegen getröstet und aufgebaut werden muss. Oder man unterstützt ein nicht so begabtes Teammitglied beim Erreichen des gemeinsamen Zieles durch Zuspruch oder körperliche Hilfe. Diese Beispiele zeigen, dass man viele der im Leben wichtigen Eigenschaften durch den Sport kennenlernen und erlernen kann.
Zusammenfassend würde ich aufgrund der aufgeführten Argumente eine Erweiterung des Bewegungs- und Sportangebotes an Schulen unterstützen. Meiner Meinung nach hätte dies viele positive Auswirkungen auf die Lernenden und könnte helfen, auch das Verhalten in und außerhalb der Schule zu verbessern sowie einen kleinen Beitrag gegen den Bewegungsmangel zu leisten.

Text 2 – Die Rebellinnen (Bettina Weiguny)

Teil I: Lesen

1. Richtige Aussage ankreuzen

a) ☒ zehn
b) ☒ die Ältesten des Dorfes.
c) ☒ für sauberes Trinkwasser in Reservaten zu sorgen.
d) ☒ „Children with Nature."

2. Richtige Aussage ankreuzen

a) ☒ protestieren.
b) ☒ von jemandem etwas bekommen.
c) ☒ aufpasst.
d) ☒ gegraben.

3. Richtige Aussage ankreuzen

a) ☒ Nur A und D stehen im Text.
b) ☒ Nur C und D stehen im Text.

4. Drei Merkmale eines journalistischen Textes nennen und belegen

Mögliche Lösungen:
- Vorspann, Lead, Teaser (Z. 1 – 5)
- Erlebnisorientierter Einstieg (Z. 6 ff.)
- Fakten, Daten, Erläuterungen für das Hintergrundwissen (z. B. Z. 15 – 20, Z. 53 – 61, Z. 62 – 65, Z. 92 – 101)
- Expertenmeinung (z. B. Z. 84 ff.)
- Autorinnenkommentar (Z. 4 f., Z. 34 f., Z. 35 ff., Z. 74 f., Z. 82 ff.)

5. Stilmittel der Personifikation und dessen Bedeutung im Text erklären

- Erklärung des Stilmittels:
  Eine Personifikation vermenschlicht Tiere, Pflanzen, Gegenstände oder abstrakte Begriffe. Ihnen werden menschliche Fähigkeiten oder Eigenschaften zugeordnet.
- Wirkung des Stilmittels im Text:
  Mit der Personifikation des Naturschutzes wird ausgedrückt, dass die Natur nach einem ruft, um sie zu schützen. Damit wird hier ein Bezug zu aktuellen Naturschutzthemen und dem Klimawandel hergestellt.

6. Drei weitere Projekte der Aktivistinnen nennen

Mögliche Lösungen:
- Sie gehen gegen die Waffenlobby vor.
- Die jungen Aktivistinnen wollen Kinderehen verhindern.
- Sie engagieren sich für sauberes Trinkwasser.
- Die jungen Aktivistinnen stellen Schulen kostenlose Hygieneartikel zur Verfügung.
- Sie spenden Schulkindern Bücher.

7. Drei Textstellen zitieren, die die Behauptung untermauern

Mögliche Lösungen:
- Die Wörter „Die Rebellinnen" in der Überschrift
- „‚Eco Warrior'" (Z. 17)
- „Klimakämpferin (Z. 17)
- „die Welt erobern" (Z. 31)
- „bekämpfen" (Z. 42)
- „Weltkonzerne erschüttern" (Z. 52 f.)

8. Anhand einer Textstelle erläutern, dass Ellyanne Wanjiku ein Kind mit kindlichen Bedürfnissen ist

Im Text finden sich einige Beispiele, die zeigen, dass die junge Aktivistin kindliches Verhalten an den Tag legt. Sie bringt z. B. zum Onlinemeeting ein weißes Stofftier mit (vgl. Z. 6 f.). Es zeigt sich außerdem, dass sie noch mit Barbies spielt (vgl. Z. 9 f.) und sie berichtet, dass es mit ihren Freundinnen immer noch am lustigsten ist (vgl. Z. 139).

9. a) Anhand zweier Textstellen Voraussetzungen für ein erfolgreiches Engagement herausarbeiten

Mögliche Lösungen:
- Junge Menschen, die sich engagieren wollen, brauchen heutzutage den Zugang zu gutem Internet und damit zu sozialen Medien, in denen sie ihre Popularität nutzen können. (vgl. Z. 49 – 53)
- Um sich stark engagieren zu können, zeigt es sich als vorteilhaft, aus einem Elternhaus zu kommen, welches Wert auf Bildung sowie Geborgenheit legt und finanziell gut aufgestellt ist. (vgl. Z. 62 – 74)
- Vorbilder zu haben, ist ein wichtiger Aspekt für ein Engagement. Vorbilder, an denen man sich orientieren kann und die zeigen, dass Veränderungen möglich sind. (vgl. Z. 67, Z. 92 – 104)
- Die Schule muss Verständnis für solche Schüler/-innen haben, da sie für Projekte freigestellt werden müssen. (vgl. Z. 125 ff.)

b) Anhand einer Textstelle mögliche Nachteile im Leben einer jungen Aktivistin erläutern

Mögliche Lösungen:

- Die jungen Aktivistinnen haben viele Termine, müssen zahlreiche Vorträge halten, mit wichtigen einflussreichen Personen diskutieren und sind dadurch häufig auch im Ausland unterwegs. Deshalb müssen sie sehr früh erwachsen sein und können nicht Erfahrungen sammeln wie andere Kinder und Jugendliche in ihrem Alter. (vgl. Z. 44 – 48)
- Besonders in der Pubertät möchte man mehr Zeit mit seinem Freundeskreis als mit seiner Familie oder Erwachsenen verbringen. Dies kommt bei den jungen Aktivistinnen zu kurz, denn sie sind meistens von Erwachsenen umgeben. (vgl. Z. 137 ff.)

10. a) Zitat anhand eines eigenen Beispiels erklären

Dieses Zitat drückt aus, dass wir Menschen uns häufiger an menschlichem Verhalten als an Vorschriften orientieren. Vorschriften zeigen starr Grenzen auf, während Vorbilder Möglichkeiten lebendig werden lassen. Ein vorbildhaftes Verhalten eines Freundes, eines Elternteils, einer Lehrkraft oder einer Person aus der Sport- oder Musikszene zum Beispiel wirkt auf Heranwachsende beeindruckender, da dieses Verhalten von einer Person vorgelebt wird. Verbiete ich meinen Kindern das Fluchen, darf es nicht passieren, dass ich selbst fluche, da ich sonst unglaubwürdig wirke.

b) Zustimmung oder Ablehnung der Behauptung begründen

Zustimmung:
Ich unterstütze die Aussage dieses Zitats, da Regeln und Vorschriften nicht einfach aufgestellt und gefordert werden können, sie müssen auch vorgelebt werden, besonders wenn man bei Jugendlichen eine Akzeptanz der Regeln und Vorschriften erreichen möchte. Eine große Rolle in diesem Zusammenhang spielen auch die Vorbilder außerhalb des normalen Lebens. Deren Verhalten wird genau verfolgt und eventuell auf sich selbst übertragen.
Ablehnung:
Regeln zu brechen gehört zum Leben dazu. Jeder hat schon einmal Regeln und Vorschriften verletzt. Da dies zum Leben gehört, halten einen auch gute Vorbilder nicht davon ab. Besonders in der Pubertät gehören Abgrenzung und die Verletzung von Regeln zum Leben dazu. Außerdem kommt man auf gesellschaftlicher Ebene allein mit Vorbildern nicht weiter, für eine funktionierende Ordnung werden hier Regeln und Vorschriften benötigt. Daher unterstütze ich die Aussage dieses Zitates nicht.

Teil II: Schreiben

Teil II.A: Textproduktion

Hier findest du eine beispielhafte Lösung zu b).

Erfolgreiches erstes Projekt

Zu Beginn des aktuellen Schulhalbjahres gründete sich an unserer Schule auf Initiative der Schülervertretung der Schulklimarat. Diesem Rat konnten interessierte Schüler/-innen aller Klassenstufen beitreten. Zur ersten Besprechung in der Aula kamen tatsächlich 50 Lernende, die sich für eine Mitarbeit interessierten. Am Ende arbeiteten 35 Lernende im Klimarat mit. Nach einer ersten Besprechung und dem Zusammentragen von Informationen entschieden wir uns, dass wir uns um das Essen und die Verpflegung der Cafeteria kümmern wollten. Wir hatten das Ziel, den anfallenden Müll zu reduzieren. Wir bildeten also zwei Arbeitsgruppen: Die eine beschäftigte sich mit Einwegflaschen, die andere mit dem Einwegmüll, der beim Einpacken der Brötchen entsteht. Jede Gruppe holte Informationen ein und überlegte, wie man etwas verbessern könnte. In den folgenden zwei Monaten tagten die beiden Gruppen und stellten anschließend ihre Verbesserungsvorschläge und Ideen für die Zukunft vor. Wir wollten beide Probleme gleichzeitig bearbeiten. Also arbeiteten wir gemeinsam Punkte aus, die wir auf jeden Fall ändern wollten. Zu diesen gehörte, dass nur noch Getränke aus Pfandflaschen verkauft werden sollten. Außerdem wollten wir herumfliegende Einwegtüten, in denen belegte Brötchen oder Brezeln verpackt werden, mithilfe eines Pfandsystems reduzieren. Als Vorbild dienten uns Restaurants der Stadt, die dies während der Coronapandemie für Gerichte zum Abholen bereits umgesetzt hatten. Zunächst suchten wir das Gespräch mit der Schulleitung und dem Elternbeirat. Unsere Vorschläge kamen sehr gut an und man sicherte uns Unterstützung zu. Nun galt es, das Gespräch mit dem Cafeteriaverein zu suchen. Dies fand unter Leitung unseres Schulleiters statt. Sie standen unseren Ideen skeptisch gegenüber, vor allem in Hinblick auf die Einführung eines Pfandsystems. Sie versprachen uns aber, offen für unsere Vorschläge zu sein. Wir suchten in den nächsten Wochen im Internet nach geeigneten Pfandbehältern für die Aufbewahrung der Brötchen. Schließlich fanden wir einen Anbieter, der sich auch bereit erklärte, uns eine Probe zum Testen zu schicken. Die Dosen sahen wie normale Brotdosen aus. In der Zeit des Suchens hatte der Cafeteriaverein bereits freiwillig auf Pfandflaschen umgestellt. Wir als Klimarat übernahmen die Werbung innerhalb der Schule. Die Brötchen und Brezeln passten perfekt in die Behälter, zwei Brötchen passten in die größere Dose. Unser Testlauf lief erfolgreich und wir präsentierten dies der Schulleitung, dem Elternbeirat sowie dem Cafeteriaverein. Schlussendlich konnten wir alle von einer Testphase überzeugen. Wir bestellten nach Absprache mit dem Förderverein 150 Dosen, ließen sogar unseren Schulnamen aufdrucken und verliehen sie für 5 Euro beim Brötchenverkauf. Die Behälter wurden gut angenommen. Nach einer zweiwöchigen Testphase befragten wir anonym alle 150 Teilnehmer/-innen nach ihrer Meinung. Das Urteil fiel positiv aus, sodass wir erneut eine Bestellung tätigten. Wir mussten immer wieder Dosen nachbestellen, denn manche Schüler/-innen verwendeten die Behälter auch privat. Sofort fiel auf, dass sich der Einwegmüll in den Mülleimern und auf dem Schulhof erheblich verringerte. Wir luden die Zeitung ein, um über unser Projekt zu berichten. Der Artikel war ein voller Erfolg, wir bekamen viel Lob und es erkundigten sich auch andere Schulen nach unserem Projekt. Somit war das Pfandsystem in der Schulcafeteria das erste erfolgreiche Projekt unseres Klimarats. Wir haben für das nächste Schuljahr schon einige Ideen, was wir an der Schule noch für den Klimaschutz machen können. Als nächstes wollen wir versuchen, den Energieverbrauch der Schule zu reduzieren.

Teil II.B: Sprachliche Richtigkeit

Bei der Gewährung von Notenschutz aufgrund besonderer Schwierigkeiten beim Lesen und Schreiben gemäß §44 (2) der Verordnung zur Gestaltung des Schulverhältnisses in der für das Prüfungsjahr gültigen Fassung werden im Teil II.B nur die Aufgaben 3 und 4 gewertet. Die Höchstpunktzahl beträgt in diesem Fall zehn Punkte.

1. Zwölf Rechtschreib- und Zeichenfehler markieren und berichtigen

Gemessen an ihrer Körpergröße haben Vögel zwar ein ~~verhältnismäsig~~ **verhältnismäßig** großes Gehirn, mehr als fünf bis zwanzig Gramm bringt so ein Vogelhirn aber nicht auf die ~~Wage~~ **Waage**. Trotzdem sind einige Arten wie Raben, Tauben, Eulen oder Elstern erstaunlich schlau. Sie benutzen Werkzeuge, spielen nach ~~endsprechendem~~ **entsprechendem** Training Memory, planen in die Zukunft, können sich in andere ~~hineinversezen~~ **hineinversetzen**, Zusammenhänge erkennen und angemessene Schlussfolgerungen ziehen. Mehr noch: Raben erkennen sich selbst im Spiegel, Tauben sind in der Lage, die englische Rechtschreibung bis zum Niveau eines ~~Sechsjährigen~~ **sechsjährigen** Kindes zu erlernen, und sie können zwischen einem Kunstwerk von Picasso und Monet unterscheiden, wie Experimente bewiesen haben. Diese Vögel sind damit ~~ofenkundig~~ **offenkundig** genauso klug wie Schimpansen und Menschenaffen. Dabei erscheint das Gehirn der Vögel auf den ersten Blick sehr wenig organisiert. Den Tieren fehlt auch die für Säugetiere typische und in Falten gelegte Großhirnrinde**,** in der das Denken und die Kreativität ~~angesidelt~~ **angesiedelt** sind. Deshalb hält sich ~~seid~~ **seit** 150 Jahren die Ansicht**,** dass ein Vogelhirn lediglich aus Klumpen grauer Zellen besteht. Das ~~Schimfwort~~ **Schimpfwort** „Spatzenhirn" ist vermutlich Ausdruck dieser historischen Geringschätzung. Dennoch ist das sensorische Hirnareal von Tauben und Eulen der Großhirnrinde von Säugetieren verblüffend ähnlich.

Die Arbeiten von Tübinger Forschern werfen die Frage nach dem Ursprung des Bewusstseins auf. Nach ~~denn~~ **den** aktuellen Befunden könnte diese Hirnfunktion älter und unter den Lebewesen weiter verbreitet sein als bisher angenommen.

Quelle: Krähen verfügen über eine Art von Bewusstsein, Hildegard Kaulen, 02.10.2020 Frankfurter Allgemeine Zeitung GmbH, Frankfurt. Zur Verfügung gestellt vom Frankfurter Allgemeine Archiv

2. Groß- oder Kleinschreibung

a) Das Singen an einem Karaokeabend ist nichts Neues und nicht jedermanns Geschmack.

d) Im anschließenden Wettbewerb hat jedoch keiner Angst vor einer Niederlage.

f) Unsere Regeln besagen, dass es nicht rechtens ist, nur die Melodie zu summen.

i) Der Abend ist begleitet von gutem Essen und die Sieger stehen erst nachts fest.

3. Wortart und Schreibweise bestimmen

Man nimmt heute an, **dass (K)** die ersten Origami-Figuren aus dem alten China stammten und dort im ersten oder zweiten Jahrhundert unserer Zeitrechnung erstmals entstanden.
Das (A) Papier stellten die Chinesen rund 200 Jahre zuvor zum ersten Mal her.
Jahrhunderte später erreichte dieses Wissen um diese Kunst auch Japan, **das (R)** sich damals in der „Heian-Zeit" (794 bis 1185) befand. Auch in Ägypten und Mesopotamien geschah **das (D)** unabhängig hiervon. **Dass (K)** die Japaner erst im 19. Jahrhundert dem Papierfalten den Namen „Origami" gaben, ist interessant.

Nach: https://www.helles-koepfchen.de/artikel/2962.html (abgerufen am 17.03.2021)

4. Sätze in Aktiv- oder Passivform umformen

Aktiv	Passiv
Nachdem man die Pfanne auf den Herd gestellt hat, schaltet man die Herdplatte an.	**Nachdem die Pfanne auf den Herd gestellt worden ist, wird die Herdplatte angeschaltet.**
Nun erhitzt man einen Esslöffel Öl.	Nun wird ein Esslöffel Öl erhitzt.
Man gibt ein aufgeschlagenes Ei in die Pfanne.	**Ein aufgeschlagenes Ei wird in die Pfanne gegeben**
Das gebratene Spiegelei würzt man mit Salz und Pfeffer.	Das gebratene Spiegelei wird mit Salz und Pfeffer gewürzt.

Notizen

Notizen

1. Grundlagen

Aufgabe 1

a) 1 3 7 15 **[31]** 63 127

	+ 2	+ 4	+ 8	+ 16	+ 32	+ 64
oder	$+ 2^1$	$+ 2^2$	$+ 2^3$	$+ 2^4$	$+ 2^5$	$+ 2^6$
oder	$\cdot 2 + 1$	$\cdot 2 + 1$	$\cdot 2 + 1$	$\cdot 2 + 1$	$\cdot 2 + 1$	$\cdot 2 + 1$

b) $(-3) \cdot \frac{1}{3} \cdot 16 \cdot 2^3 \cdot (-3) \cdot \left(-\frac{1}{4^2}\right) \cdot (-2) \cdot (-1)$

5 Minuszeichen ⇒ negatives Ergebnis

$$= -3 \cdot \frac{1}{3} \cdot 16 \cdot 8 \cdot 3 \cdot \frac{1}{16} \cdot 2 \cdot 1 = -\frac{\cancel{3} \cdot 1 \cdot \cancel{16} \cdot 8 \cdot 3 \cdot 2 \cdot 1}{\cancel{3} \cdot \cancel{16}} = -48$$

c) $a^3 \cdot a^{\square} : a = a^8$

$a^{3+\square-1} = a^8$

$a^{2+\square} = a^8$

$\Rightarrow \square = 6$

d) $\frac{(3x)^2}{(6x^2)^3} = \frac{9x^2}{216x^6} = \frac{1}{24x^4}$

e)

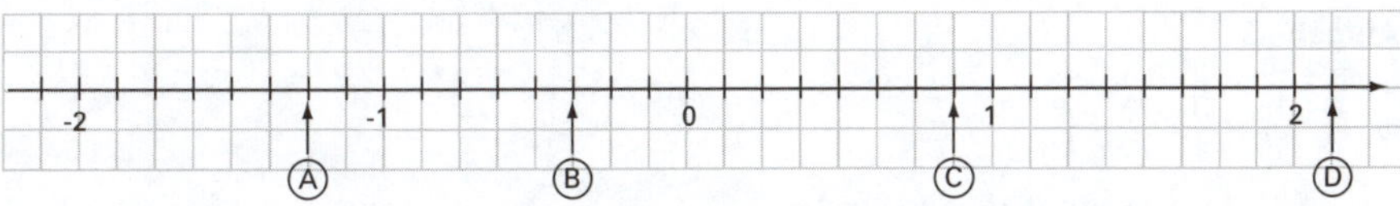

Die „Einheit" ist in 8 Teile aufgeteilt. ⇒ Der Abstand zwischen zwei Teilstrichen beträgt $\frac{1}{8}$ oder 0,125.

(A) 2 Teilstriche links von der -1 ⇒ $-1\frac{2}{8} = -1\frac{1}{4} = -\frac{5}{4}$

⇒ $-\frac{5}{4}$ oder -1,25

(B) 3 Teilstriche links von der 0 ⇒ $-\frac{3}{8}$ oder -0,375

(C) 1 Teilstrich vor der 1 ⇒ $\frac{7}{8}$ oder 0,875

(D) 1 Teilstrich rechts von der 2 ⇒ $2\frac{1}{8} = \frac{17}{8}$

⇒ $\frac{17}{8}$ oder 2,125

f) $504000000 = 5{,}04 \cdot 10^8$

$0{,}0000000014 = 1{,}4 \cdot 10^{-9}$

Aufgabe 2

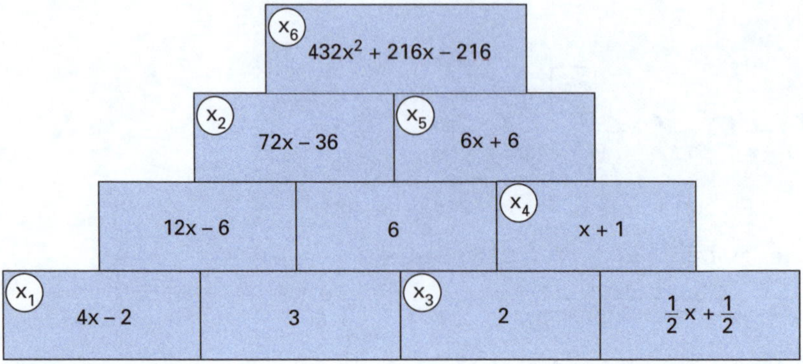

Nebenrechnungen:

(x_1) $\frac{12x-6}{3} = 4x - 2$

(x_2) $6 \cdot (12x - 6) = 72x - 36$

(x_3) $6 : 3 = 2$

(x_4) $2 \cdot \left(\frac{1}{2}x + \frac{1}{2}\right) = x + 1$

(x_5) $6 \cdot (x + 1) = 6x + 6$

(x_6) $(72x - 36) \cdot (6x + 6) = 432x^2 + 432x - 216x - 216$
$= 432x^2 + 216x - 216$

Aufgabe 3

a) $\frac{3}{4} : \frac{15}{16} = \frac{\cancel{3}^{1}}{\cancel{4}_{1}} \cdot \frac{\cancel{16}^{4}}{\cancel{15}_{5}} = \frac{4}{5}$

b) $2\frac{1}{2} - 3\frac{1}{3} = \frac{5}{2} - \frac{10}{3} = \frac{15}{6} - \frac{20}{6} = -\frac{5}{6}$

c) $2 \cdot \frac{1}{4} + 0{,}5 \cdot \frac{1}{8} = \frac{2 \cdot 1}{4} + \frac{1}{2} \cdot \frac{1}{8} = \frac{1}{2} + \frac{1}{16} = \frac{8}{16} + \frac{1}{16} = \frac{9}{16}$

Aufgabe 4

a) 0,08 km = 80 m (0,08 · 1000 = 80)

b) 0,12 t = 120 000 g (0,12 · 1000 · 1000 = 120 000)

c) $T = \frac{x^2\,(1 - x^3)}{2}$

für x = 1 gilt: $T = \frac{(-1)^2 \cdot (1 - (-1)^3)}{2}$

$T = \frac{1 \cdot (1 + 1)}{2}$

$T = \frac{1 \cdot 2}{2}$

$T = 1$

Training

d) 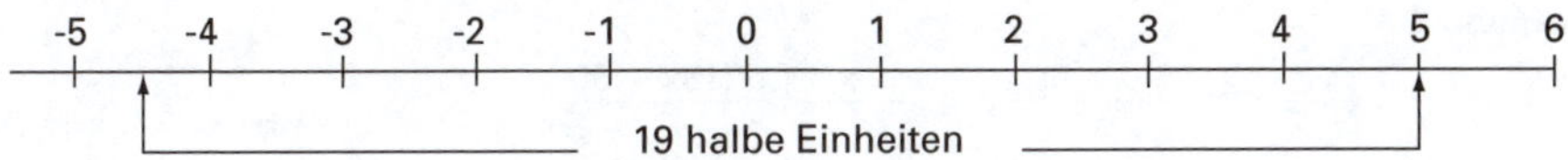

Aufgabe 5

a) Von 25 Kästchen sind 5 Kästchen schwarz.

$\Rightarrow \frac{5}{25} = \frac{1}{5} = 0{,}20 \quad \Rightarrow$ 20 % sind schwarz.

b) Von 16 Kästchen sind 2 Kästchen schwarz.

$\Rightarrow \frac{2}{16} = \frac{1}{8} = 0{,}125 \quad \Rightarrow$ 12,5 % sind schwarz.

Aufgabe 6

2t = 2000 kg

Lösung mit dem Dreisatz:

$$
\begin{aligned}
2000\text{ kg} &\triangleq 100\ \% \\
1\text{ kg} &\triangleq \frac{100}{2000}\ \% \\
12{,}5\text{ kg} &\triangleq \frac{100 \cdot 12{,}5}{2000}\ \% = 0{,}625\ \%
\end{aligned}
$$

2. Gleichungen: lineare Gleichungen, quadratische Gleichungen

Aufgabe 1

a)

$$
\begin{aligned}
4x - (2x - 1) &= -(-2 + 15x) && \text{Beim Auflösen einer Minusklammer ändern sich die Vorzeichen.} \\
4x - 2x + 1 &= 2 - 15x \\
2x + 1 &= 2 - 15x && \mid +15x \\
17x + 1 &= 2 && \mid -1 \\
17x &= 1 && \mid :17 \\
x &= \frac{1}{17} && \frac{1}{17} \notin \mathbb{Z} \quad \Rightarrow \quad \mathbb{L} = \{\ \}
\end{aligned}
$$

b)

$$
\begin{aligned}
(24x - 320) : 4 - 8x \cdot 12 &= (20x + 22) : 2 - 1 \\
6x - 80 - 96x &= 10x + 11 - 1 \\
-90x - 80 &= 10x + 10 && \mid -10x \\
-100x - 80 &= 10 && \mid +80 \\
-100x &= 90 && \mid :(-100) \\
x &= -\frac{9}{10} \\
\text{oder } x &= -0{,}9 && \Rightarrow \quad \mathbb{L} = \{-0{,}9\}
\end{aligned}
$$

Aufgabe 2

$$\frac{14x-12}{3}-\frac{5(x-5)}{6}-3=\frac{x-1}{2}-\frac{1{,}5(18x+60)}{4}$$ mit dem HN = 12 multiplizieren

$$\frac{12(14x-12)}{3}-\frac{12\cdot 5(x-5)}{6}-3\cdot 12=\frac{12(x-1)}{2}-\frac{12\cdot 1{,}5(18x+60)}{4}$$ kürzen

$$4(14x-12)-10(x-5)-36=6(x-1)-4{,}5(18x+60)$$ Klammern auflösen

$$56x-48-10x+50-36=6x-6-81x-270$$

$$46x-34=-75x-276 \quad | +75x$$

$$121x-34=-276 \quad | +34$$

$$121x=-242 \quad | :121$$

$$x=-2$$

Aufgabe 3

$2x^2-4x+5=0$

Lösung mit der allgemeinen Form:

$a=2 \quad b=-4 \quad c=5$

$$x_{1/2}=4\pm\frac{\sqrt{(-4)^2-4\cdot 2\cdot 5}}{2\cdot 2}$$

$$x_{1/2}=4\pm\frac{\sqrt{-24}}{4} \qquad D<0 \quad \Rightarrow \quad \mathbb{L}=\{\,\}$$

Lösung mit der Normalform:

$$2x^2-4x+5=0 \quad | :2$$

$$x^2-2x+2{,}5=0$$

$p=-2 \quad q=2{,}5$

$$x_{1/2}=1\pm\sqrt{(-1)^2-2{,}5}$$

$$x_{1/2}=1\pm\sqrt{-1{,}5} \qquad D<0 \quad \Rightarrow \quad \mathbb{L}=\{\,\}$$

Aufgabe 4

$$(x-2)^2+10x=44$$ zuerst Binom berechnen

$$x^2-4x+4+10x=44$$

$$x^2+6x+4=44 \quad | -44$$

$$x^2+6x-40=0$$

$$x_{1/2}=-3\pm\sqrt{3^2+40}$$

$$x_{1/2}=-3\pm 7$$

$x_1=-10 \quad x_2=4 \qquad x_1=-10\notin\mathbb{N}$

$\Rightarrow \mathbb{L}=\{4\}$

Aufgabe 5

	Länge in cm
1. Kathete	x
2. Kathete	x + 7
Hypotenuse	13

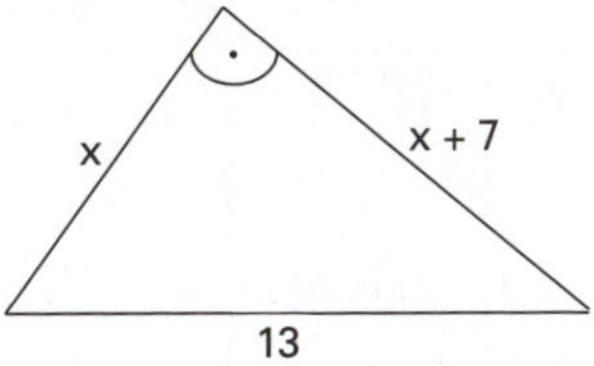

Zeichnung nicht maßstabsgerecht

Nach dem **Satz des Pythagoras** gilt:

Pythagoras

$a^2 + b^2 = c^2$

$x^2 + (x + 7)^2 = 13^2$

$x^2 + x^2 + 14x + 49 = 169$

$2x^2 + 14x + 49 = 169 \quad | - 169$

$2x^2 + 14x - 120 = 0 \quad | : 2$

$x^2 + 7x - 60 = 0$

$p = 7 \qquad q = -60$

$x_{1/2} = -3,5 \pm \sqrt{3,5^2 + 60}$

$x_{1/2} = -3,5 \pm \sqrt{72,25}$

$x_{1/2} = -3,5 \pm 8,5$

$x_1 = 5 \qquad x_2 = -12$

Nicht möglich, weil eine Streckenlänge nicht negativ sein kann!

Die Katheten sind 5 cm und 12 cm lang.

Aufgabe 6

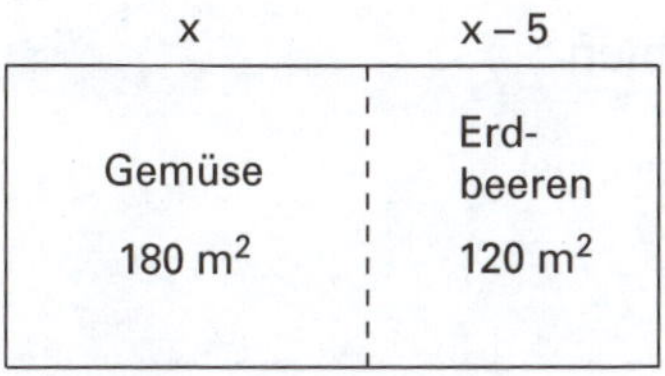

Zeichnung nicht maßstabsgerecht

1. Schritt:
Berechnung der Fläche für den Erdbeeranbau:

$300 \text{ m}^2 - 180 \text{ m}^2 = 120 \text{ m}^2$

2. Schritt:
Berechnung der Längen der beiden Beete. Beide Beete haben die gleiche Breite.

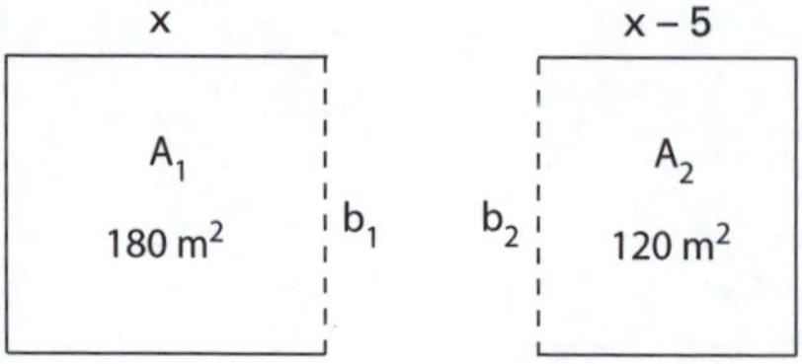

$A_1 = x \cdot b_1$ $\qquad$ $A_2 = (x - 5) \cdot b_2$

$b_1 = \frac{A_1}{x}$ $\qquad$ $b_2 = \frac{A_2}{x - 5}$

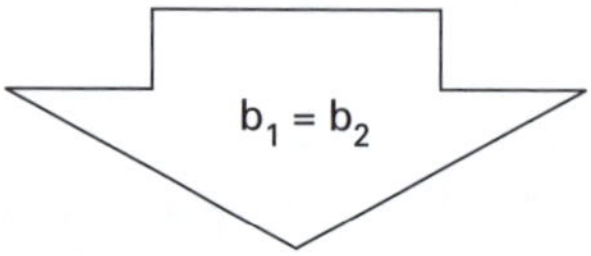

$$\frac{A_1}{x} = \frac{A_2}{x - 5}$$

$$\frac{180}{x} = \frac{120}{x - 5} \qquad | \text{ „über Kreuz multiplizieren"}$$

$$120x = 180\,(x - 5)$$

$$120x = 180x - 900 \qquad | - 180x$$

$$-60x = -900 \qquad | : (-60)$$

$$x = 15$$

Das Gemüsebeet ist 15 m lang, das Erdbeerbeet ist 10 m lang.

3. Lineare Gleichungssysteme mit zwei Variablen

Bei allen Aufgaben wird stets nur ein Lösungsverfahren vorgerechnet.
Rechne zur Übung auch mit den anderen Verfahren.

Aufgabe 1

I $\quad 2x - 4y = -8$
II $\quad x - y - 5 = 0$

Lösung mit dem Einsetzverfahren:

II nach x auflösen und in I einsetzen.

Aus II $\qquad x - y - 5 = 0 \qquad | + y + 5$
III $\qquad x = y + 5$

III in I $\quad 2 \cdot (y + 5) - 4y = -8$

$2y + 10 - 4y = -8$

$-2y + 10 = -8 \quad | -10$

$-2y = -18 \quad | : (-2)$

$y = 9$

y = 9 in III $\quad x = 9 + 5$

$x = 14 \quad \Rightarrow \quad \mathbb{L} = \{14 \mid 9\}$

Aufgabe 2

Lösung mit dem Additionsverfahren:

I $\quad 3x - 1{,}5y = 4{,}5 \quad | \cdot 2 \quad \Rightarrow$ III $\quad 6x - 3y = 9$

II $\quad 2x - 7y = 15 \quad | \cdot (-3) \quad \Rightarrow$ IV $\quad -6x + 21y = -45$

III + IV $\quad 18y = -36 \quad | : 18$

$y = -2$

y = -2 in II $\quad 2x - 7 \cdot (-2) = 15$

$2x + 14 = 15 \quad | -14$

$2x = 1 \quad | : 2$

$x = 0{,}5 \quad \Rightarrow \quad \mathbb{L} = \{(0{,}5 \mid -2)\}$

Aufgabe 3

I $\quad y = 0{,}25x + 0{,}875$

II $\quad y = 0{,}2x - 2{,}1$

Lösung mit dem Gleichsetzverfahren:

I = II $\quad 0{,}25x + 0{,}875 = 0{,}2x - 2{,}1 \quad | -0{,}2x - 0{,}875$

$0{,}05x = -2{,}975 \quad | : 0{,}05$

$x = -59{,}5$

x = -59,5 in II $\quad y = 0{,}2 \cdot (-59{,}5) - 2{,}1$

$y = -14 \quad \Rightarrow \quad \mathbb{L} = \{(-59{,}5 \mid -14)\}$

Aufgabe 4

Basis: y
Schenkel: x

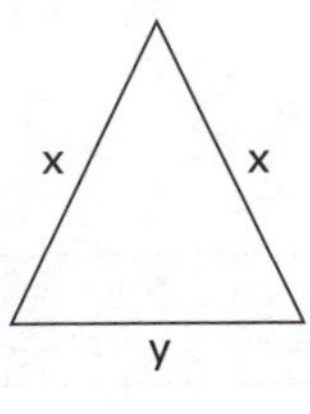

I $\quad y + 2x = 27$

II $\quad x = y + 6$

Lösung mit dem Einsetzverfahren:

II in I $\quad y + 2 \cdot (y + 6) = 27$

$y + 2y + 12 = 27 \quad | -12$

$3y = 15 \quad | :3$

$y = 5$

y = 5 in II $\quad x = 5 + 6$

$x = 11$

Die Basis ist 5 cm lang, ein Schenkel ist 11 cm lang.

Aufgabe 5

Anzahl der EZ: x
Anzahl der DZ: y

	Einzel-zimmer	+	Doppel-zimmer	=	alle Zimmer
	↓		↓		↓
I	x	+	y	=	255
	Betten in Einzelzimmer	+	Betten in Doppelzimmer	=	alle Betten
	↓		↓		↓
II	x	+	$2 \cdot y$	=	465

I $\quad x + y = 255 \quad | -x \quad \Rightarrow \quad$ III $\quad y = -x + 255$

II $\quad x + 2y = 465$

Lösung mit dem Einsetzverfahren:

III in II $\quad x + 2(-x + 255) = 465$

$x - 2x + 510 = 465 \quad | -510$

$-x = -45 \quad | \cdot (-1)$

$x = 45$

x = 45 in III $\quad y = -45 + 255$

$y = 210$

Im Hotel gibt es 45 Einzelzimmer und 210 Doppelzimmer.

Aufgabe 6

Grundgedanke der Lösung:

Menge 1 (in kg)	·	Preis 1 (je kg)	+	Menge 2 (in kg)	·	Preis 2 (je kg)	=	Gesamtmenge (in kg)	·	Preis der Mischung (je kg)

Preis Sorte A je kg: x
Preis Sorte B je kg: y

I	$3 \cdot x + 2 \cdot y = 5 \cdot 8{,}80$		$\Rightarrow$ I	$3x + 2y = 44$	
II	$3 \cdot x + 5y = 8 \cdot 9{,}25$	$\mid \cdot (-1)$	$\Rightarrow$ III	$-3x - 5y = -74$	
			I + III	$-3y = -30$	$\mid : (-3)$
			IV	$y = 10$	

IV in I	$3x + 2 \cdot 10 = 44$	$\mid -20$
	$3x = 24$	$\mid : 3$
	$x = 8$	

1 kg der Sorte A kostet 8 €, 1 kg der Sorte B kostet 10 €.

4. Zuordnungen

Aufgabe 1

a) Anhand der Zahlenpaare (0,5 I 72) und (4 I 9) erkennt man, dass es sich um Produktgleichheit handelt:

$x \cdot y = 36$ Es liegt also eine indirekte Proportionalität vor: $x \cdot y = \text{konstant}$

$0{,}5 \cdot 72 = 36$

$4 \cdot 9 = 36$

x	0,5	1	-2	3	4	6	5
y	72	36	-18	12	9	6	7,2

b) Anhand der Zahlenpaare (-6 I -9) und (12 I 18) erkennt man, dass es sich um Quotientengleichheit handelt:

$\frac{y}{x} = 1{,}5$ Es liegt also eine direkte Proportionalität vor: $\frac{y}{x} = \text{konstant}$

$\frac{-9}{-6} = 1{,}5$

$\frac{18}{12} = 1{,}5$

x	-2	0,4	-6	$5\frac{1}{3}$	10	12	18
y	-3	0,6	-9	8	15	18	27

Aufgabe 2

Lösung mit dem Dreisatz:

$25 \text{ mph} \triangleq 40 \frac{\text{km}}{\text{h}}$

$1 \text{ mph} \triangleq \frac{40}{25} \frac{\text{km}}{\text{h}}$

$72 \text{ mph} \triangleq \frac{40 \cdot 72}{25} \frac{\text{km}}{\text{h}}$

$= 115{,}2 \frac{\text{km}}{\text{h}}$

Das Auto würde mit einer Geschwindigkeit von $115{,}2 \frac{\text{km}}{\text{h}}$ fahren.

Aufgabe 3

a) Dreisatz:

$22 \text{ l/Tag} \triangleq 210 \text{ Tage}$

$1 \text{ l/Tag} \triangleq 210 \cdot 22 \text{ Tage}$

$27 \text{ l/Tag} \triangleq \frac{210 \cdot 22}{27} \text{ Tage}$

$= 171{,}1 \text{ Tage}$

oder

Produktgleichheit:

$22 \text{ l} \cdot 210 \text{ Tage} = 27 \text{ l} \cdot x \quad | : 27 \text{ l}$

$\frac{22 \text{ l} \cdot 210 \text{ Tage}}{27 \text{ l}} = x$

$x = 171{,}1 \text{ Tage}$

Der Ölvorrat würde für 171 Tage reichen.

b) Dreisatz:

$210 \text{ Tage} \triangleq 22 \text{ l/Tag}$

$1 \text{ Tag} \triangleq 210 \cdot 22 \text{ l/Tag}$

$280 \text{ Tage} \triangleq \frac{210 \cdot 22}{280} \text{ l/Tag}$

$= 16{,}5 \text{ l/Tag}$

oder

Produktgleichheit:

$210 \cdot 22 \text{ l/Tag} = 280 \cdot x \quad | : 280$

$\frac{210 \cdot 22}{280} \text{ l/Tag} = x$

$x = 16{,}5 \text{ l/Tag}$

Man würde täglich 16,5 Liter brauchen.

Aufgabe 4

1. Schritt:
Berechnung der Fahrzeit:

$80 \text{ km in } 1 \text{ h}$

$1 \text{ km in } \frac{1}{80} \text{ h}$

$280 \text{ km in } \frac{1 \cdot 280}{80} \text{ h} = 3{,}5 \text{ h}$

Der Pkw-Fahrer braucht 3,5 Stunden und will nun die gleiche Strecke in 3 Stunden fahren.

2. Schritt:
Berechnung der neuen Durchschnittsgeschwindigkeit:

$s = v \cdot t$ „Weg ist Geschwindigkeit mal Zeit"

Der Weg bleibt gleich: $s_1 = s_2 = 280$ km

$t_1 = 3{,}5$ h $t_2 = 3$ h $v_1 = 80 \frac{km}{h}$

Produktgleichheit:

$$v_1 \cdot t_1 = v_2 \cdot t_2$$

$$80 \frac{km}{h} \cdot 3{,}5\ h = v_2 \cdot 3\ h \qquad |:3\ h$$

$$v_2 = \frac{80 \cdot 3{,}5}{3} \frac{km}{h}$$

$$v_2 = 93{,}33 \frac{km}{h}$$

Das Auto muss mit $93{,}33 \frac{km}{h}$ fahren.

Aufgabe 5

a)

		1000 kWh	1500 kWh	3000 kWh
A 17,6 ct pro kWh	Grundpreis Verbrauch Endpreis	6,50 € 176,00 € 182,50 €	6,50 € 264,00 € 270,50 €	6,50 € 528,00 € 534,50 €
B 17,5 ct pro kWh	Grundpreis Verbrauch Endpreis	8,00 € 175,00 € 183,00 €	8,00 € 262,50 € 270,50 €	8,00 € 525,00 € 533,00 €

b) Verbrauch 1000 kWh: Kosten A < Kosten B
Verbrauch 1500 kWh: Kosten A = Kosten B
Verbrauch 3000 kWh: Kosten A > Kosten B

Ich würde mich für Angebot B entscheiden, weil die Kosten niedriger sind.

c) Die Zeichnung ③ trifft am ehesten zu, weil B anfangs teurer ist als A (siehe auch Tabelle) und ab einem gewissen Betrag (siehe Tabelle: 1500 kWh) billiger wird.
Die Gerade von B verläuft dann unterhalb der Geraden von A.

① ist falsch, weil dort der Grundpreis von B niedriger wäre als der von A.

② ist falsch, weil die Preisentwicklung nicht linear, sondern mit einer gekrümmten Linie dargestellt wird.

Aufgabe 6

I. Möglichkeit

200 l in der Minute $\Rightarrow$ 60 · 200 l = 12 000 l in der Stunde

Zufluss 1:	12 000 l/h
Zufluss 2:	3000 l/h
Gesamt:	15 000 l/h

Lösung mit dem Dreisatz:

$$12\,000\ \text{l/h} \triangleq 3\ \text{Tage}$$
$$1\ \text{l/h} \triangleq 12\,000 \cdot 3\ \text{Tage}$$
$$15\,000\ \text{l/h} \triangleq \frac{12\,000 \cdot 3}{15\,000}\ \text{Tage} = 2{,}4\ \text{Tage}$$

II. Möglichkeit

Zufluss 2: 3000 l/h $\Rightarrow$ $\frac{3000}{60}$ l/min = 50 l/min

Zufluss 1:	200 l/min
Zufluss 2:	50 l/min
Gesamt:	250 l/min

Lösung mit dem Dreisatz:

$$200\ \text{l/min} \triangleq 3\ \text{Tage}$$
$$1\ \text{l/min} \triangleq 200 \cdot 3\ \text{Tage}$$
$$250\ \text{l/min} \triangleq \frac{200 \cdot 3}{250}\ \text{Tage} = 2{,}4\ \text{Tage}$$

III. Möglichkeit (Produktgleichheit)

Zufluss 1 · Zeit 1 = Zufluss (1 + 2) · Zeit 2

$$12\,000\ \text{l} \cdot 3\ \text{Tage} = 15\,000\ \text{l} \cdot x \qquad |:15\,000\ \text{l}$$
$$x = \frac{12\,000\ \text{l} \cdot 3\ \text{Tage}}{15\,000\ \text{l}}$$
$$x = 2{,}4\ \text{Tage}$$

Der Füllvorgang würde 2,4 Tage dauern.

5. Prozent- und Zinsrechnung

Aufgabe 1

a) Teilverhältnis 3 : 2 $\Rightarrow$ 5 Teile
12 000 € : 5 = 2400 € $\Rightarrow$ 3 Teile ≙ 7200 €
2 Teile ≙ 4800 €

7200 € auf der Bank A 4800 € auf der Bank B

$$Z = \frac{K \cdot p}{100}$$

$$Z = \frac{7200\,€ \cdot 3}{100} \qquad Z = \frac{4800\,€ \cdot 4{,}5}{100}$$

$$Z = 216\,€ \qquad Z = 216\,€$$

Bei beiden Banken erhält man den gleichen Zinsbetrag.

b) Gesamtzinsen: 432 €

$$Z = \frac{K \cdot p}{100} \quad | \cdot 100$$

$$100\,Z = K \cdot p \quad | : K$$

$$p = \frac{100 \cdot Z}{K} \Rightarrow p = \frac{100 \cdot 432\,€}{12\,000\,€}$$

$$p = 3{,}6$$

12 000 € hätten zu 3,6 % angelegt werden müssen.

Aufgabe 2

$$q = 1 + \frac{p}{100} \Rightarrow p = 100\,(q - 1)$$

a) $q = 1 + \frac{3{,}8}{100}$
$q = 1{,}038$

b) $p = 100\,(1{,}04 - 1)$
$p = 4$

c) $p = 100\,(1{,}015 - 1)$
$p = 1{,}5$

d) $q = 1 + \frac{2{,}08}{100}$
$q = 1{,}0208$

e) $q = 1 + \frac{4{,}1}{100}$
$q = 1{,}041$

f) $p = 100\,(1{,}036 - 1)$
$p = 3{,}6$

Training

Aufgabe 3

$$K_n = K_0\left(1 + \frac{p}{100}\right)^n$$

a) $q = 1 + \frac{4,2}{100}$

$q = 1,042$

$K_n = 12\,000\text{ €} \cdot 1,042^3$

$K_n = 13\,576,39\text{ €}$

b) $p = 3,5$

$2400\text{ €} = K_0 \cdot 1,035^4$

$K_0 = \frac{2400\text{ €}}{1,035^4}$

$K_0 = 2091,46\text{ €}$

c) $q = 1 + \frac{3,8}{100}$

$q = 1,038$

$68\,000\text{ €} = 50\,000\text{ €} \cdot 1,038^n \quad | : 50\,000\text{ €}$

$1,36 = 1,038^n$

$$a^n = c \Rightarrow n = \log_a c$$

$\Rightarrow \quad n = \log_{1,038} 1,36$

$n = \frac{\lg 1,36}{\lg 1,038}$

$n = 8,24$

Aufgabe 4

a) Monatliche Mieteinnahmen: $72 \cdot 5,80\text{ €} = 417,60\text{ €}$

Jährliche Mieteinnahmen: $12 \cdot 417,60\text{ €} = 5011,20\text{ €}$

b) $$Z = \frac{K \cdot p}{100}$$

$\Rightarrow \quad Z = \frac{120\,000\text{ €} \cdot 3,8}{100}$

$Z = 4560\text{ €}$

$5011,20\text{ €} - 4560\text{ €} = 451,20\text{ €}$

Bei einer Bankanlage hätte Familie Bauer 451,20 € weniger eingenommen.

Aufgabe 5

1. Schritt:

Berechnung der Zinsen:

$$Z = \frac{K \cdot p \cdot M}{100 \cdot 12}$$

$\Rightarrow \quad Z = \frac{800\text{ €} \cdot 3,4 \cdot 4}{100 \cdot 12}$

$Z = 9,07\text{ €}$

2. Schritt:
Berechnung des Differenzbetrages:

$800\ € + 9{,}07\ € = 809{,}07\ €$
$840\ € - 809{,}07\ € = 30{,}93\ €$

Es fehlen noch 30,93 €.

3. Schritt:
Berechnung des Prozentsatzes:

I. Möglichkeit
Dreisatz:

$840\ € \triangleq 100\ \%$

$1\ € \triangleq \frac{100}{840}\ \%$

$30{,}93\ € \triangleq \frac{100 \cdot 30{,}93}{840}\ \%$

$= 3{,}68\ \%$

Es fehlen ihm noch 3,68 %.

II. Möglichkeit
Formel:

$$p = \frac{PW \cdot 100}{GW}$$

$$p = \frac{30{,}93\ € \cdot 100}{840\ €}$$

$p = 3{,}68$

Aufgabe 6

a) Kapital A:
$y = 5000 \cdot \left(1 + \frac{4{,}2}{100}\right)^x$
$y = 5000 \cdot 1{,}042^x$

Kapital B:
$y = 6000 \cdot \left(1 + \frac{2{,}4}{100}\right)^x$
$y = 6000 \cdot 1{,}024^x$

b)

	x	0	2	4	6	8	10	12	14	16
A	y	5000	5429	5894	6400	6949	7545	8192	8894	9657
B	y	6000	6291	6597	6918	7254	7606	7975	8363	8769

c)

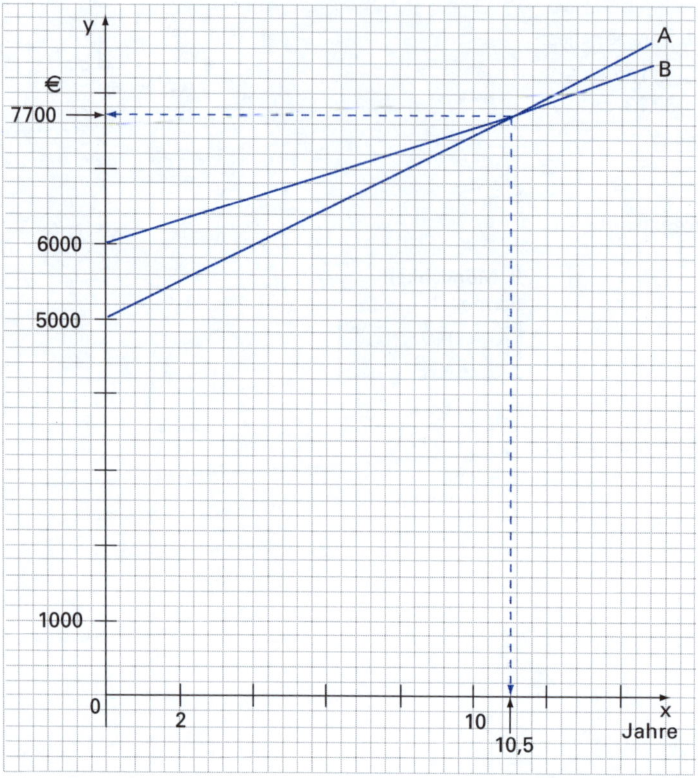

d) Nach 10,5 Jahren 7700 €.

e) $5000 \cdot 1{,}042^x = 6000 \cdot 1{,}024^x$ | : 5000

$1{,}042^x = 1{,}2 \cdot 1{,}024^x$ | : $1{,}024^x$

$$\frac{1{,}042^x}{1{,}024^x} = 1{,}2$$

$$\left(\frac{1{,}042}{1{,}024}\right)^x = 1{,}2$$

$$1{,}0176^x = 1{,}2$$

$$x = \log_{1{,}0176} 1{,}2$$

$$x = \frac{\lg 1{,}2}{\lg 1{,}0176}$$

$$x = 10{,}45$$

$\Rightarrow y = 5000 \cdot 1{,}042^{10{,}45}$

$y = 7686$

Nach 10,45 Jahren ist das Kapital bei beiden auf 7686 € angewachsen.

6. Tabellen, Graphen, Diagramme, Schaubilder: Anfertigung und Interpretation

Aufgabe 1

a) $12 - 7 = 5$

Fünf Dreiecke haben keine besondere Form.

b) $27 - (6 + 2 + 4 + 3 + 5) = 27 - 20 = 7$

Sieben Parallelogramme sind im Schaukasten.

c) $12 + 27 = 39$

Insgesamt sind 39 Dreiecke und Vierecke im Schaukasten.

d) Alle 39 Dreiecke und Vierecke haben einen Punkt A.
Nur 27 Vierecke haben einen Punkt D.
$\Rightarrow$ A kommt 39-mal vor.
D kommt 27-mal vor.

e) Im Schaukasten sind 27 Vierecke.

27 Vierecke $\triangleq 360°$

1 Viereck $\triangleq \frac{360°}{27}$

6 Vierecke $\triangleq \frac{360° \cdot 6}{27} = 80°$ (Quadrate)

2 Vierecke $\triangleq \frac{360° \cdot 2}{27} = 26{,}7°$ (Rechtecke)

4 Vierecke $\triangleq \frac{360° \cdot 4}{27} = 53{,}3°$ (Trapeze)

7 Vierecke $\triangleq \frac{360° \cdot 7}{27} = 93{,}3°$ (Parallelogramme)

3 Vierecke $\triangleq \frac{360° \cdot 3}{27} = 40°$ (Rauten)

5 Vierecke $\triangleq \frac{360° \cdot 5}{27} = \frac{66{,}7°}{360°}$ (Drachenvierecke)

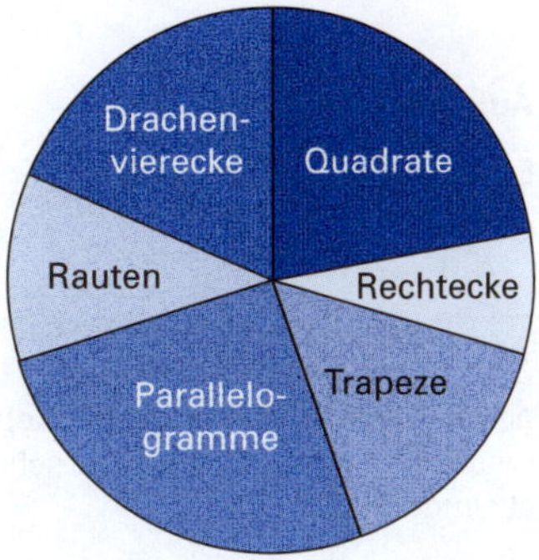

Aufgabe 2

Summe aller Prozentwerte:
$20\,\% + 25\,\% + 35\,\% + 20\,\% + 5\,\% = 105\,\%$
Katja hat 5 % zu viel gezeichnet. Es kann bei dieser Fragestellung aber nicht entschieden werden, bei welcher Altersgruppe der Fehler liegt.

Aufgabe 3

a) Die wenigsten Bundesbürger/-innen erwerbstätig: 2003 mit 39,24 Mio.
Die meisten Bundesbürger/-innen erwerbstätig: 2019 mit 45,24 Mio.

b) Der Anstieg der Erwerbstätigkeit war mit einer Steigerung von über einer Million von 2015 (43,12 Mio.) auf 2017 (44,25 Mio.) am stärksten.

c) Im Jahr 2019 waren 45,24 Mio. Menschen in Deutschland erwerbstätig. 4,5 % davon waren verbeamtet.

I. Möglichkeit

Dreisatz:

$100\,\% \mathrel{\hat{=}} 45{,}24 \text{ Mio.}$

$1\,\% \mathrel{\hat{=}} \frac{45{,}24 \text{ Mio.}}{100}$

$4{,}5\,\% \mathrel{\hat{=}} \frac{45{,}24 \text{ Mio.} \cdot 4{,}5}{100}$

$\approx 2{,}04 \text{ Mio.}$

II. Möglichkeit

Formel:

$GW = 45{,}24 \text{ Mio.}, \quad p = 4{,}5\,\%$

$$PW = \frac{GW \cdot p}{100}$$

$$PW = \frac{45{,}24 \text{ Mio.} \cdot 4{,}5}{100}$$

$PW = 2{,}04$

Im Jahr 2019 waren etwa 2,04 Mio. Bundesbürger/-innen als Beamte und Beamtinnen tätig.

d) Die Addition der Prozentwerte müsste eigentlich 100 % ergeben.
75,5 % + 10,5 % + 9,4 % + 4,5 % = 99,9 %
Da es sich um gerundete Werte handelt, um den Graph übersichtlich zu halten, kann es sein, dass die Summe nicht genau 100 % ergibt.

Aufgabe 4

Es muss zugeordnet werden:

A → ②

Zuerst wird der Zylinder leer, die Höhe nimmt linear ab, dann wird der Kegel leer, wobei die Wasserhöhe immer schneller abnimmt.

B → ④

Zuerst wird der Kegel leer, die Wasserhöhe nimmt immer langsamer ab. Dann wird der Zylinder leer, die Wasserhöhe nimmt linear ab.

C → ⑤

In beiden Zylindern nimmt die Wasserhöhe linear ab. Der obere Zylinder ist der größere, also nimmt dort die Wasserhöhe langsamer ab als im unteren Zylinder.

D → ③

Im oberen Kegel nimmt die Wasserhöhe immer langsamer ab, im unteren Kegel immer schneller.

Die Grafik ① passt zu keinem der vier Gefäße.

Aufgabe 5

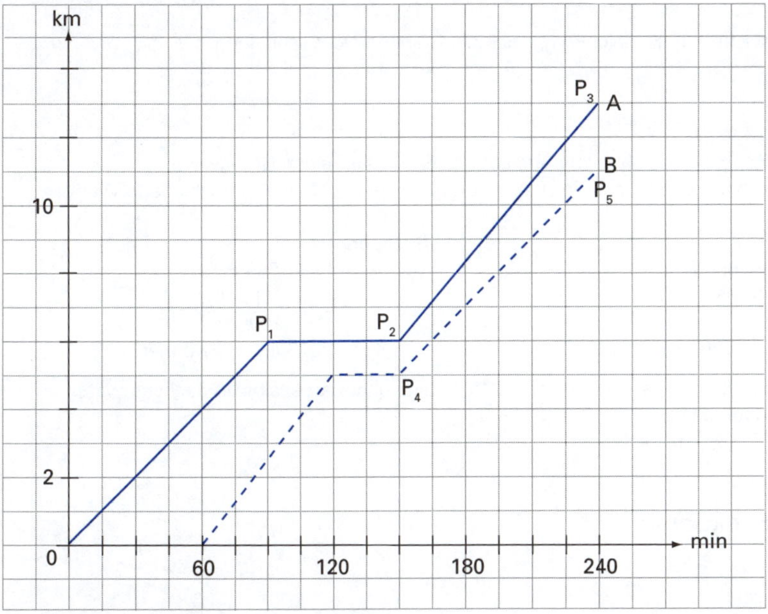

a) A ist 13 km gelaufen, B ist 11 km gelaufen.

b) Pause von A: 1 Stunde

Pause von B: $\frac{1}{2}$ Stunde

c) A ist 4 Stunden unterwegs, B ist 3 Stunden unterwegs.

d) Laufzeit von A: 3 Stunden

Laufzeit von B: $2\frac{1}{2}$ Stunden

e) Geschwindigkeit v_A von A:

$3 \text{ h} \mathrel{\hat{=}} 13 \text{ km}$

$1 \text{ h} \mathrel{\hat{=}} \frac{13}{3} \text{ km}$

$\Rightarrow v_A = 4{,}33 \frac{\text{km}}{\text{h}}$

Geschwindigkeit v_B von B:

$2{,}5 \text{ h} \mathrel{\hat{=}} 11 \text{ km}$

$1 \text{ h} \mathrel{\hat{=}} \frac{11}{2{,}5} \text{ km}$

$v_B = 4{,}4 \frac{\text{km}}{\text{h}}$

f) A läuft in der zweiten Phase (von P_2 bis P_3) schneller, weil die Strecke $[P_2P_3]$ steiler verläuft als die Strecke $[0P_1]$.

g) Die Strecken $[0P_1]$ und $[P_4P_5]$ sind zueinander parallel. ⇒ Wanderer A hat vor der Pause die gleiche Geschwindigkeit wie Wanderer B nach der Pause.

h) Die Wanderer treffen sich nicht, weil sich die Graphen nicht schneiden.

Aufgabe 6

a) Eine Prozentangabe bezieht sich stets auf das Ganze (auf einen Grundwert). Da die Einwohnerzahlen nicht gleich sind, ergeben die 6,7 % auch verschiedene Werte.

b) **Saarland**

100 % ≙ 996 651 E.

$6{,}7\ \% \triangleq \frac{996\,651 \cdot 6{,}7}{100}$ E.

= 66 776 Einwohner

Sachsen

100 % ≙ 4 081 783 E.

$6{,}7\ \% \triangleq \frac{4\,081\,783 \cdot 6{,}7}{100}$ E.

= 273 479 Einwohner

Im Dezember 2016 waren im Saarland 66 776 Einwohner arbeitslos, in Sachsen waren es 273 479 Einwohner.

7. Lineare Funktionen

Aufgabe 1

a) g_1: $y = -x + 2$ g_2: $y = -\frac{1}{3}x + 3$ g_3: $y = \frac{4}{3}x + 4$

b)

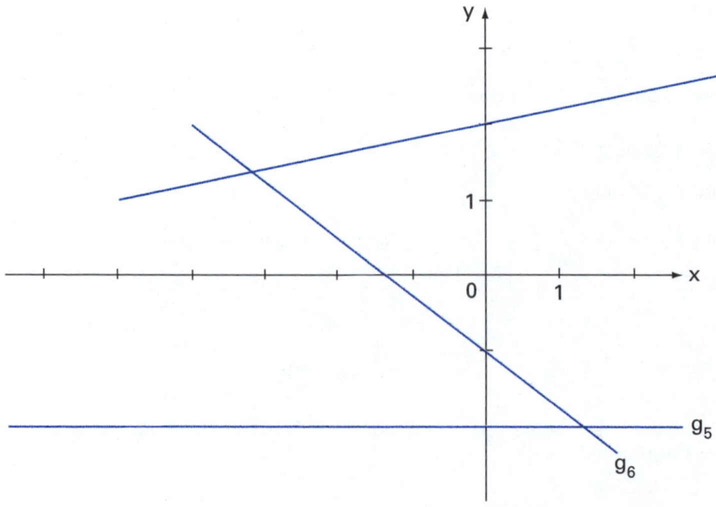

g_4: $m_4 = 0{,}2 = \frac{1}{5}$

g_5: Parallele zur x-Achse durch (0 I -2)

g_6: $m_6 = -0{,}75 = -\frac{3}{4}$

c) $3x - 5y - 12 = 0 \qquad | -3x + 12$

$-5y = -3x + 12 \qquad |: (-5)$

$y = \frac{3}{5}x - 2{,}4$

Aufgabe 2

Nullstellen sind die Schnittpunkte von Graphen mit der x-Achse $\Rightarrow$ y = 0

Nullstelle von h_1:

$\frac{1}{2}x - 0{,}5\,y + 6 = 0 \qquad \wedge \quad y = 0$

$\frac{1}{2}x + 6 = 0 \qquad | - 6$

$\frac{1}{2}x = -6 \qquad | \cdot 2$

$x = -12 \qquad \Rightarrow \qquad N\,(-12 \mid 0)$

Nullstelle von h_2:

$y = -\frac{4}{3}x - 2 \qquad \wedge \quad y = 0$

$-\frac{4}{3}x - 2 = 0 \qquad | + 2$

$-\frac{4}{3}x = 2 \qquad | \cdot \left(-\frac{3}{4}\right)$

$x = -1{,}5 \qquad \Rightarrow \qquad N\,(-1{,}5 \mid 0)$

Aufgabe 3

$$m = \frac{y_B - y_A}{x_B - x_A}$$

a) $m = \frac{-4 + 1}{1{,}5 + 4} = \frac{-3}{5{,}5} = \frac{-30}{55} = -\frac{6}{11}$

b) $m = \frac{-1{,}5 + 2}{8 - 0{,}5} = \frac{0{,}5}{7{,}5} = \frac{5}{75} = \frac{1}{15}$

Aufgabe 4

1. Schritt:
Berechnung der Steigung m:

$m = \frac{0{,}5 + 1}{1 + 4} = \frac{1{,}5}{5} = \frac{3}{10}$

2. Schritt:
Berechnung des Achsenabschnittes t:

g: $y = \frac{3}{10}x + t$

P_1 in g eingesetzt:

$-1 = \frac{3}{10} \cdot (-4) + t$

$-1 = -\frac{12}{10} + t \qquad | + \frac{12}{10}$

$t = \frac{2}{10}$

$t = \frac{1}{5}$

3. Schritt:
Aufstellen der Geradengleichung:

g: $y = \frac{3}{10}x + \frac{1}{5}$

Aufgabe 5

$h \parallel g_1 \Rightarrow m_h = m_{g_1}$

a) $m_{g_1} = -\frac{3}{4} \Rightarrow m_h = -\frac{3}{4}$

h: $y = -\frac{3}{4}x + t$

A in h eingesetzt:

$4 = -\frac{3}{4} \cdot 1 + t$

$t = \frac{19}{4} \Rightarrow$ h: $y = -\frac{3}{4}x + \frac{19}{4}$

$l \perp g_1 \Rightarrow m_l = -\frac{1}{m_{g_1}}$

b) $m_{g_1} = -\frac{3}{4} \Rightarrow m_l = \frac{4}{3}$

l: $y = \frac{4}{3}x + t$

B in l eingesetzt:

$-3 = \frac{4}{3} \cdot (-1) + t$

$t = -\frac{5}{3} \Rightarrow$ l: $y = \frac{4}{3}x - \frac{5}{3}$

c) Die Koordinaten von C werden in h eingesetzt:

$2{,}5 = -\frac{3}{4} \cdot 3 + \frac{19}{4}$

$2{,}5 = -\frac{9}{4} + \frac{19}{4}$

$2{,}5 = 2{,}5 \quad (w) \quad \Rightarrow C \in h$

d) $g_1 \cap g_2 = \{S\}$

g_1: $y = -\frac{3}{4}x + 1$

g_2: $y = \frac{1}{4}x - 1$

Gleichsetzverfahren →

$-\frac{3}{4}x + 1 = \frac{1}{4}x - 1 \qquad | -\frac{1}{4}x - 1$

$-x = -2 \qquad | \cdot (-1)$

$x = 2$

x = 2 in g_1 eingesetzt:

$y = -\frac{3}{4} \cdot 2 + 1$

$y = -0{,}5 \qquad \Rightarrow S\,(2 \mid -0{,}5)$

e)

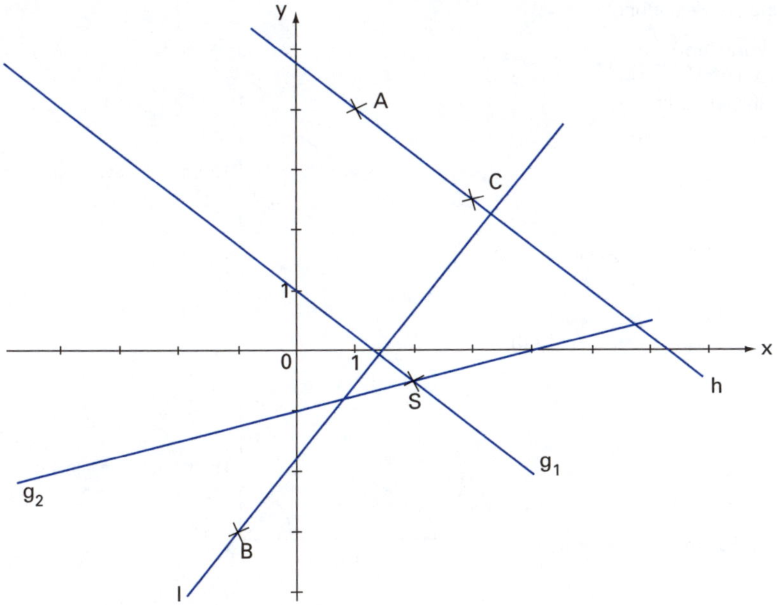
y
A
C
1
0
1
x
S
h
g1
g2
B
l

Aufgabe 6

a)

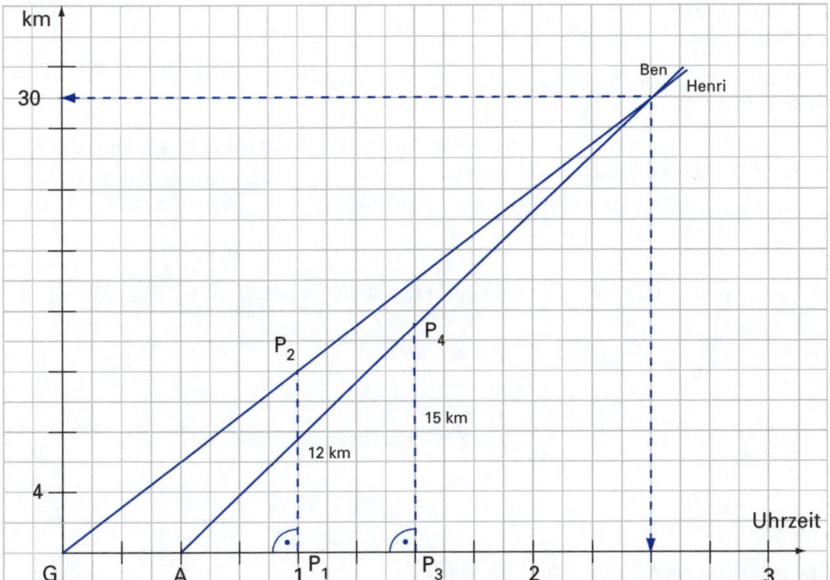
km
30
Ben
Henri
4
P2
P4
15 km
12 km
Uhrzeit
G
A
1
P1
P3
2
3
9.00
10.00
11.00
11.30
12.00

Erklärung zur Zeichnung:

Graph von Henri
Start um 9.00 Uhr ⇒ Punkt G (0 I 0)
In 1 h fährt er 12 km:

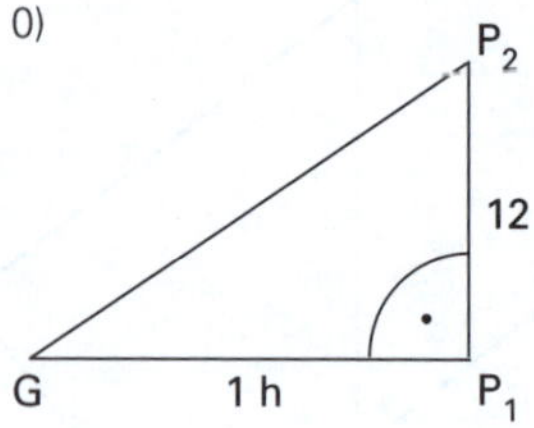

„Steigungsdreieck"

Zeichnung nicht maßstabsgerecht

Graph von Ben
Start um 9.30 Uhr ⇒ A ($\frac{1}{2}$ I 0)
In 1 h fährt er 15 km:

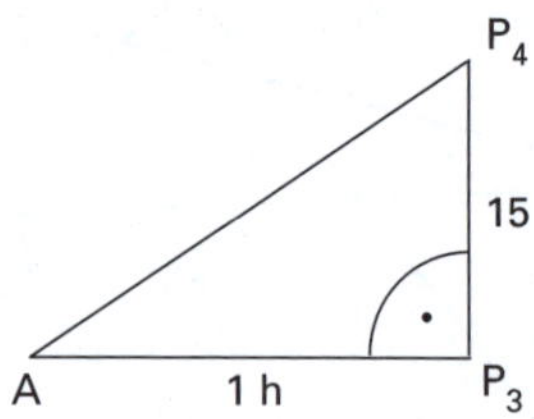

„Steigungsdreieck"

Zeichnung nicht maßstabsgerecht

Ben holt Henri nach 30 km um 11.30 Uhr ein.

b) **I. Möglichkeit**
$y \triangleq$ zurückgelegter Weg
$x \triangleq$ Zeit in Stunden

Fahrt von Henri: $y_G = 12x$
Fahrt von Ben: $y_A = 15x + t$

Ben startet um 9.30 Uhr, also ist der Punkt A ($\frac{1}{2}$ I 0) ein Punkt auf der Geraden y_A.
A wird in die Geradengleichung eingesetzt:

$0 = 15 \cdot \frac{1}{2} + t$

$t = -7{,}5 \quad \Rightarrow \quad y_A = 15x - 7{,}5$

Am Schnittpunkt von y_A und y_G haben beide den gleichen Weg zurückgelegt. ⇒

$$y_A = y_G$$
$$15x - 7{,}5 = 12x \qquad | + 7{,}5 - 12x$$
$$3x = 7{,}5 \qquad | : 3$$
$$x = 2{,}5$$

Sie treffen sich 2,5 Stunden nach dem Start von Henri um 11.30 Uhr.
$x = 2{,}5$ in y_G eingesetzt:

$y_G = 12 \cdot 2{,}5$
$y_G = 30$

Ben holt Henri nach 30 km um 11.30 Uhr ein.

II. Möglichkeit

$s = v \cdot t$ „Weg ist Geschwindigkeit mal Zeit"

Henri	Ben
$v_1 = 12\,\frac{km}{h}$ $t_1 = x\,h$ s_1	$v_2 = 15\,\frac{km}{h}$ $t_2 = \left(x - \frac{1}{2}\right)h$ s_2

$s_1 = v_1 \cdot t_1 \qquad s_2 = v_2 \cdot t_2$

Bis zum Treffpunkt gilt: $s_1 = s_2$

$v_1 t_1 = v_2 t_2$

$12x = 15\left(x - \frac{1}{2}\right)$

$12x = 15x - 7{,}5 \qquad | -15x$

$-3x = -7{,}5 \qquad | : (-3)$

$x = 2{,}5$

$x = 2{,}5$ in s_1: $s_1 = 12 \cdot 2{,}5$

$s_1 = 30$

Ben holt Henri nach 30 km um 11.30 Uhr ein.

8. Quadratische Funktionen

Aufgabe 1

p_1 hat S (-4 | -1) ⇒ (C)

p_2 hat S (0 | 1) ⇒ (A)

p_3 hat S (1 | 2) ⇒ keine der angegebenen Funktionsgleichungen

p_4 hat S (1 | -4) ⇒ (E)

p_5 hat S (0 | 4) ⇒ (B)

p_6 hat S (4 | 0) ⇒ (F)

Aufgabe 2

a) **I. Möglichkeit**

$y = x^2 - 5x + 1$ — quadratische Ergänzung

$y = x^2 - 5x + 2{,}5^2 - 2{,}5^2 + 1$ — Binom

$y = (x - 2{,}5)^2 - 5{,}25$ — Scheitelkoordinaten bestimmen

$\Rightarrow S\,(2{,}5 \mid -5{,}25)$

II. Möglichkeit

Formel:

$$S\left(-\frac{p}{2} \mid q - \left(\frac{p}{2}\right)^2\right)$$

$p = -5 \qquad q = 1$

$S\left(-\frac{-5}{2} \mid 1 - \left(\frac{5}{2}\right)^2\right)$

$S\,(2{,}5 \mid -5{,}25)$

b) **I. Möglichkeit**

$y = -x^2 + 2x - 6$ — Minuszeichen ausklammern

$y = -[x^2 - 2x + 6]$ — quadratische Ergänzung

$y = -[x^2 - 2x + 1^2 - 1^2 + 6]$ — Binom

$y = -[(x - 1)^2 + 5]$ — eckige Klammer auflösen

$y = -(x - 1)^2 - 5$ — Scheitelkoordinaten bestimmen

$S\,(1 \mid -5)$

II. Möglichkeit

Formel:

$$S\left(\frac{p}{2} \mid q + \left(\frac{p}{2}\right)^2\right)$$

$p = 2 \qquad q = -6$

$S\left(\frac{2}{2} \mid -6 + \left(\frac{2}{2}\right)^2\right)$

$S\,(1 \mid -5)$

c) **I. Möglichkeit**

Quadratische Ergänzung

$y = -\frac{1}{2}x^2 + 2x - 1$ — Faktor bei x^2 ausklammern

$y = -\frac{1}{2}[x^2 - 4x + 2]$ — quadratische Ergänzung

$y = -\frac{1}{2}[x^2 - 4x + 2^2 - 2^2 + 2]$ — Binom schreiben

$y = -\frac{1}{2}[(x - 2)^2 - 2]$ — eckige Klammer auflösen

$y = -\frac{1}{2}(x - 2)^2 + 1$ — Scheitelkoordinaten bestimmen

$\Rightarrow S\,(2 \mid 1)$

II. Möglichkeit

Formel:

$$S\left(-\frac{b}{2a} \mid c - \frac{b^2}{4a}\right)$$

$y = -\frac{1}{2}x^2 + 2x - 1$

$a = -\frac{1}{2} \qquad b = 2 \qquad c = -1$

$S\left(-\frac{2}{2 \cdot \left(-\frac{1}{2}\right)} \mid -1 - \frac{2^2}{4 \cdot \left(-\frac{1}{2}\right)}\right)$

$S\left(-\frac{2}{-1} \mid -1 - \frac{4}{-2}\right)$

$S\,(2 \mid 1)$

Aufgabe 3

a) Nach unten geöffnet: Minuszeichen nicht vergessen!
$y = -x^2 + px + q$

A eingesetzt: $1 = -2^2 + 2p + q$
$1 = -4 + 2p + q$
I $5 = 2p + q$

B eingesetzt: $-2 = -(-1)^2 - 1p + q$
$-2 = -1 - p + q$
II $-1 = -p + q$

I $5 = 2p + q$ $\Rightarrow$
II $-1 = -p + q$ $| \cdot (-1)$

I $5 = 2p + q$
III $1 = p - q$
I + III $6 = 3p$ $| : 3$
IV $p = 2$

IV in I $5 = 2 \cdot 2 + q$
$q = 1$ $\Rightarrow$ p: $y = -x^2 + 2x + 1$

Beachte: Man kann das Additionsverfahren auch als „Subtraktionsverfahren" durchführen.

I $5 = 2p + q$
II $-1 = -p + q$
I – II $6 = 3p$ $| : 3$
$p = 2$

Die weiteren Berechnungen wie oben!

b) Gleichung der Symmetrieachse $x = 1$ $\Rightarrow$ Der Scheitel hat den x-Wert 1 $\Rightarrow$ $x_S = 1$
Scheitelpunktform: $y = (x - 1)^2 + y_S$
C eingesetzt: $-1{,}75 = (-0{,}5 - 1)^2 + y_S$
$-1{,}75 = (-1{,}5)^2 + y_S$
$-1{,}75 = 2{,}25 + y_S$ $| - 2{,}25$
$-4 = y_S$

$\Rightarrow$ p: $y = (x - 1)^2 - 4$ Scheitelpunktform
$y = x^2 - 2x + 1 - 4$ $\Downarrow$
p: $y = x^2 - 2x - 3$ Normalform

Aufgabe 4

1. Schritt:
Berechnung der Scheitelkoordinaten S_1:

$y = x^2 + 8x + 15$
$y = x^2 + 8x + 4^2 - 4^2 + 15$
$y = (x + 4)^2 - 1$ $\Rightarrow$ $S_1 (-4 \mid -1)$

2. Schritt:
Berechnung der Scheitelkoordinaten S_2 und S_3:

$p_1 \xrightarrow{\text{x-Achse}} p_2$

$S_1 (-4 \mid -1) \xrightarrow[\text{bleibt gleich!}]{\text{x-Wert}} S_2 (-4 \mid +1)$

$p_1 \xrightarrow{\text{y-Achse}} p_3$

$S_1 (-4 \mid -1) \xrightarrow[\text{bleibt gleich!}]{\text{y-Wert}} S_3 (+4 \mid -1)$

3. Schritt:
Berechnung der Parabelgleichungen p_2 und p_3:

Bei der Spiegelung an der x-Achse ändert sich die Öffnung:

p_2: $y = -(x + 4)^2 + 1$ Scheitelpunktform
$y = -(x^2 + 8x + 16) + 1$ ⇓
$y = -x^2 - 8x - 16 + 1$
p_2: $y = -x^2 - 8x - 15$ Normalform

Bei der Spiegelung an der y-Achse ändert sich die Öffnung nicht:

p_3: $y = (x - 4)^2 - 1$ Scheitelpunktform
$y = x^2 - 8x + 16 - 1$ ⇓
$y = x^2 - 8x + 15$ Normalform

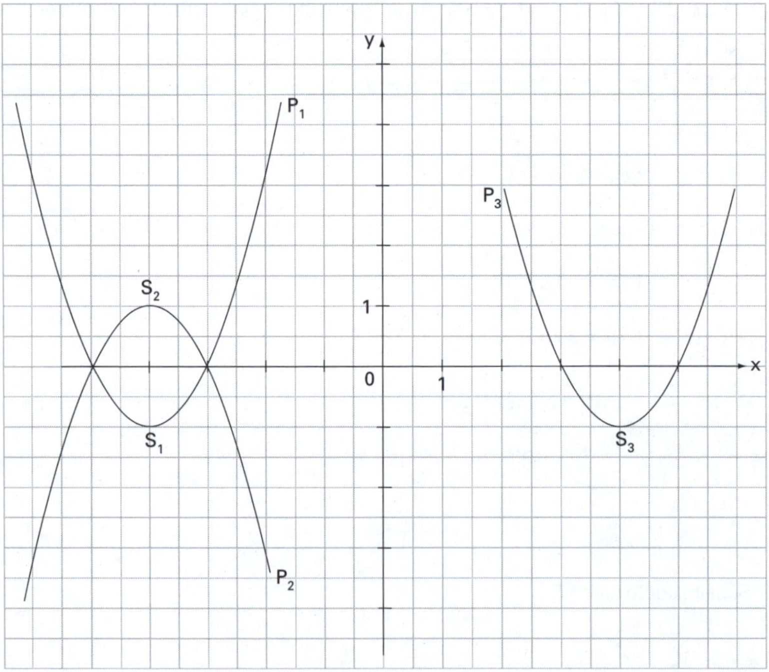

Aufgabe 5

a) $p: y = x^2 - 2x + 3$ $\quad$ $g: y = x + 1$

$p \cap g$: $x^2 - 2x + 3 = x + 1$ $\quad | -x-1$

$x^2 - 3x + 2 = 0$

$x_{1/2} = 1{,}5 \pm \sqrt{1{,}5^2 - 2}$

$x_{1/2} = 1{,}5 \pm 0{,}5$

$$x_{1/2} = -\frac{p}{2} \pm \sqrt{\left(\frac{p}{2}\right)^2 - q}$$

$x_1 = 2$ $\quad$ $x_2 = 1$

↓ $\quad$ ↓

$y_1 = 3$ $\quad$ $y_2 = 2$ $\quad \Rightarrow$ A (2 | 3) $\quad$ B (1 | 2)

b) $p_1: y = x^2 - 2x - 3$ $\quad$ $p_2: y = -x^2 + 8x - 16$

$p_1 \cap p_2$: $x^2 - 2x - 3 = -x^2 + 8x - 16$ $\quad | + x^2 - 8x + 16$

$2x^2 - 10x + 13 = 0$ $\quad | : 2$

$x^2 - 5x + 6{,}5 = 0$

$x_{1/2} = 2{,}5 \pm \sqrt{(-2{,}5)^2 - 6{,}5}$

$x_{1/2} = 2{,}5 \pm \sqrt{-0{,}25}$

$D < 0$ $\quad \Rightarrow \mathbb{L} = \{\ \}$ $\Rightarrow$ Es gibt keine Schnittpunkte.

c) Die Nullstellen sind die Schnittpunkte der Parabel mit der y-Achse. Zur Berechnung muss man y = 0 setzen:

$y = -0{,}2x^2 + 0{,}8x + 4{,}2$ und $y = 0$

$-0{,}2x^2 + 0{,}8x + 4{,}2 = 0$

I. Möglichkeit

$$x_{1/2} = -\frac{p}{2} \pm \sqrt{\left(\frac{p}{2}\right)^2 - q}$$

Bei dieser Formel muss bei x^2 der Faktor 1 stehen.

$-0{,}2^2 + 0{,}8x + 4{,}2 = 0$ $\quad | : (-0{,}2)$

$x^2 - 4x - 21 = 0$

$p = -4$ $\quad$ $q = -21$

$x_{1/2} = 2 \pm \sqrt{(-2)^2 + 21}$

$x_{1/2} = 2 \pm 5$

$x_1 = -3$ $\quad$ $x_2 = 7$

II. Möglichkeit

$$x_{1/2} = \frac{-b \pm \sqrt{b^2 - 4ac}}{2a}$$

$-0{,}2x^2 + 0{,}8x + 4{,}2 = 0$

$a = -0{,}2$ $\quad$ $b = 0{,}8$ $\quad$ $c = 4{,}2$

$$x_{1/2} = \frac{-0{,}8 \pm \sqrt{0{,}8^2 - 4 \cdot (-0{,}2) \cdot 4{,}2}}{2 \cdot (-0{,}2)}$$

$$x_{1/2} = \frac{-0{,}8 \pm \sqrt{0{,}64 + 3{,}36}}{-0{,}4}$$

$$x_{1/2} = \frac{-0{,}8 \pm 2}{-0{,}4}$$

$$x_1 = \frac{-0{,}8 + 2}{-0{,}4} \qquad x_2 = \frac{-0{,}8 - 2}{-0{,}4}$$

$x_1 = -3$ $\quad$ $x_2 = 7$

Aufgabe 6

a) Die Halle ist 9 m breit ⇒ ein Parabelbogen ist 3 m breit.
Der Scheitel S_1 liegt auf der Symmetrieachse der Parabel ⇒ $x_S = 1{,}5$

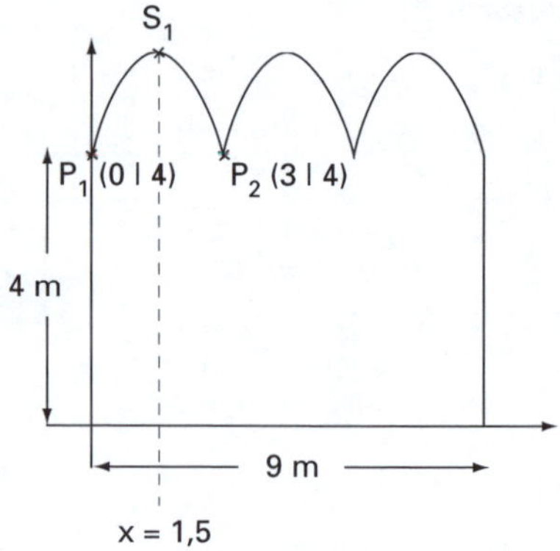

Zeichnung nicht maßstabsgerecht

I. Möglichkeit

Normalform:

$p: y = -x^2 + px + q$

P_1 in p eingesetzt: $4 = -0^2 + p \cdot 0 + q$

$q = 4$

P_2 und $q = 4$ in p eingesetzt:

$4 = -3^2 + 3p + 4$

$4 = -9 + 3p + 4$

$4 = -5 + 3p \quad | + 5$

$9 = 3p \quad | : 3$

$p = 3$

⇒ $p: y = -x^2 + 3x + 4$

Die Höhe des Daches ist der y-Wert des Scheitels.

$y = -[x^2 - 3x - 4]$

$y = -[x^2 - 3x + 1{,}5^2 - 1{,}5^2 - 4]$

$y = -[(x - 1{,}5)^2 - 6{,}25]$

$y = -(x - 1{,}5)^2 + 6{,}25$

⇒ S (1,5 I 6,25)

⇒ Die Halle ist 6,25 m hoch.

II. Möglichkeit

Scheitelpunktform:

$p: y = -(x - 1{,}5)^2 + y_S$

$y = -(x - x_S) + y_S$

P_1 eingesetzt:

$4 = -(0 - 1{,}5)^2 + y_S$

$4 = -2{,}25 + y_S \quad | + 2{,}25$

$y_S = 6{,}25$

⇒ $y_S = h$

⇒ Die Halle ist 6,25 m hoch.

b) p: $y = ax^2 + c$

S eingesetzt:

$3{,}5 = a \cdot 0^2 + c$

$c = 3{,}5$

$\Rightarrow$ p: $y = ax^2 + 3{,}5$

P eingesetzt:

$0 = a \cdot 3{,}8^2 + 3{,}5$

$-3{,}5 = 14{,}44\,a \quad | : 14{,}44$

$a = -0{,}24$

$\Rightarrow$ p: $y = -0{,}24x^2 + 3{,}5$

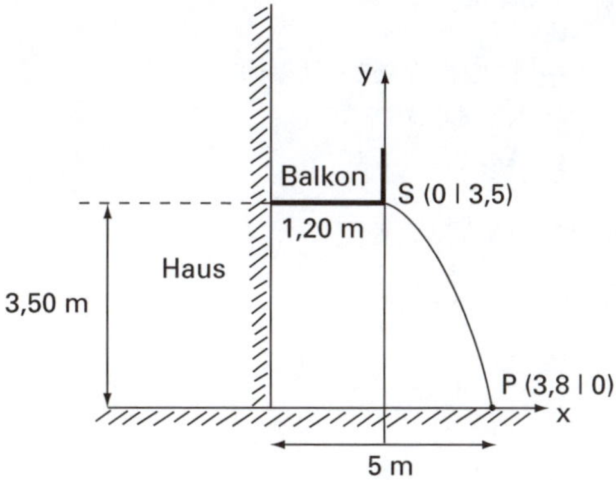

Zeichnung nicht maßstabsgerecht

9. Berechnungen an Flächen

Aufgabe 1

a) **1. Schritt:**
Berechnung des Flächeninhalts:

$A = \frac{1}{2} c \cdot h_c$

$A = \frac{1}{2} \cdot 12{,}8\text{ cm} \cdot 4{,}2\text{ cm}$

$A = 26{,}88\text{ cm}^2$

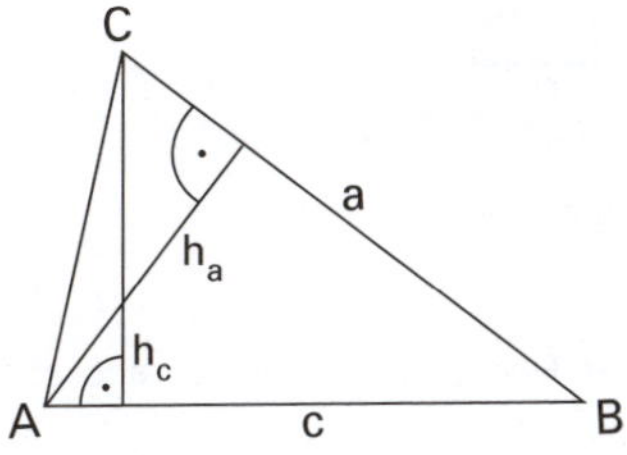

Zeichnung nicht maßstabsgerecht

2. Schritt:
Berechnung der Länge der Höhe h_a:

$A = \frac{1}{2} a \cdot h_a \quad | \cdot 2$

$2A = a \cdot h_a \quad | : a$

auflösen nach h_a

$h_a = \frac{2 \cdot A}{a}$

$h_a = \frac{2 \cdot 26{,}88\text{ cm}^2}{8\text{ cm}}$

$h_a = 6{,}72\text{ cm}$

b) **1. Schritt:**

Berechnung von r:

$\triangle MP_1P_2$ ist gleichschenklig $\Rightarrow$ $[MN] \perp [P_1P_2]$

$\Rightarrow \overline{NP_1} = 6$ cm

$\frac{\alpha}{2} = 57°$

$\sin\frac{\alpha}{2} = \frac{\overline{NP_1}}{r}$

$r = \frac{\overline{NP_1}}{\sin\frac{\alpha}{2}}$

$r = \frac{6\text{ cm}}{\sin 57°}$

$r = 7{,}15$ cm

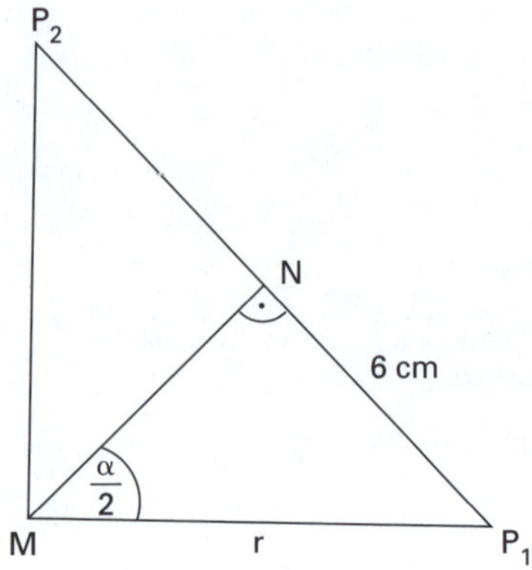

Zeichnung nicht maßstabsgerecht

2. Schritt:

Gesamtansatz zur Berechnung des Flächeninhalts:

$A = A_{\text{Sektor } MP_1P_2} - A_{\triangle MP_1P_2}$

3. Schritt:

Berechnung des Flächeninhalts des Sektors:

$$A_{\text{Sektor}} = \frac{\alpha}{360°} \cdot r^2 \cdot \pi$$

$A_{\text{Sektor}} = \frac{114°}{360°} \cdot (7{,}15\text{ cm})^2 \cdot \pi$

$A_{\text{Sektor}} = 50{,}86\text{ cm}^2$

4. Schritt:

Berechnung des Flächeninhalts des Dreiecks:

$\tan 57° = \frac{6\text{ cm}}{h}$

$h = \frac{6\text{ cm}}{\tan 57°}$

$h = 3{,}9$ cm

$A = \frac{1}{2} \cdot \overline{P_1P_2} \cdot h$

$A = \frac{1}{2} \cdot 12\text{ cm} \cdot 3{,}9\text{ cm}$

$A = 23{,}4\text{ cm}^2$

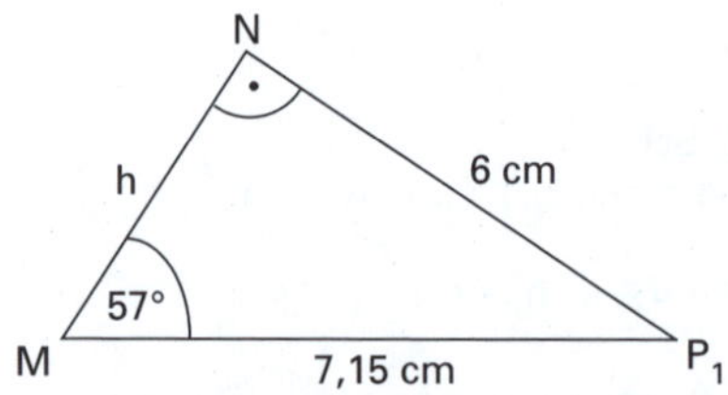

Zeichnung nicht maßstabsgerecht

5. Schritt:

Berechnung des Flächeninhalts der gefärbten Fläche:

$A = 50{,}86\text{ cm}^2 - 24{,}4\text{ cm}^2$

$A = 26{,}46\text{ cm}^2$

Aufgabe 2

a)
$$\overline{AD} + \overline{DC} = \overline{AC}$$
$$\downarrow \quad \downarrow \quad \downarrow$$
$$2 \cdot \overline{DC} + \overline{DC} = 15 \text{ cm}$$
$$3 \cdot \overline{DC} = 15 \text{ cm} \qquad |:3$$
$$\overline{DC} = 5 \text{ cm} \qquad \Rightarrow \overline{AD} = 10 \text{ cm}$$

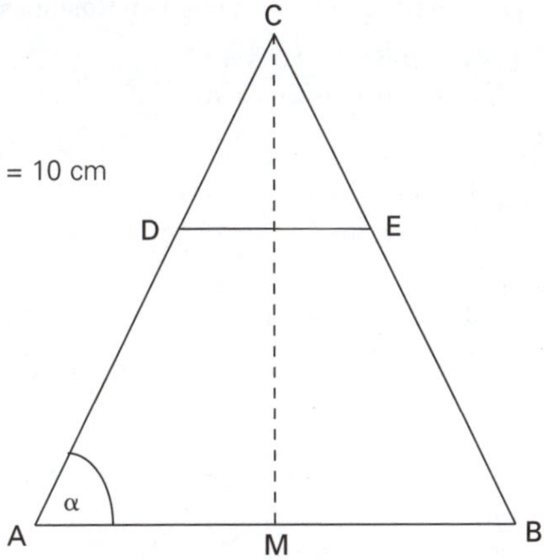

Zeichnung nicht maßstabsgerecht

b) Nach dem **Strahlensatz** gilt:

$$\frac{\overline{DE}}{\overline{AB}} = \frac{\overline{CD}}{\overline{CA}} \qquad | \cdot \overline{AB}$$

$$\overline{DE} = \frac{\overline{CD} \cdot \overline{AB}}{\overline{CA}}$$

$$\overline{DE} = \frac{5 \text{ cm} \cdot 12 \text{ cm}}{15 \text{ cm}}$$

$$\overline{DE} = 4 \text{ cm}$$

c) **I. Möglichkeit**

$$\cos\alpha = \frac{AK}{Hy}$$

$$\cos\alpha = \frac{6 \text{ cm}}{15 \text{ cm}}$$

$$\alpha = 66{,}42°$$

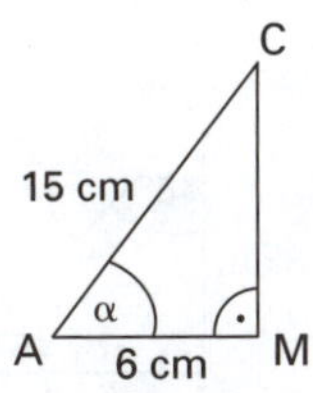

Zeichnung nicht maßstabsgerecht

II. Möglichkeit

Das Maß des Winkels α kann auch mit dem **Kosinussatz** berechnet werden.

$\overline{CB}^2 = \overline{AB}^2 + \overline{AC}^2 - 2\overline{AB} \cdot \overline{AC} \cdot \cos\alpha \quad | - \overline{AB}^2 - \overline{AC}^2$

$\overline{CB}^2 - \overline{AB}^2 - \overline{AC}^2 = -2\overline{AB} \cdot \overline{AC} \cdot \cos\alpha \quad | : (-2\overline{AB}\,\overline{AC})$

$$\cos\alpha = \frac{\overline{CB}^2 - \overline{AB}^2 - \overline{AC}^2}{-2\overline{AB} \cdot \overline{AC}}$$

$\overline{AB} = 12$ cm, $\overline{BC} = 15$ cm, $\overline{AC} = 15$ cm

$$\cos\alpha = \frac{(15\text{ cm})^2 - (12\text{ cm})^2 - (15\text{ cm})^2}{-2 \cdot 12\text{ cm} \cdot 15\text{ cm}}$$

$\alpha = 66{,}42°$

Aufgabe 3

a) $\sin 30° = \frac{6\text{ cm}}{\overline{AB}}$

$\overline{AB} = \frac{6\text{ cm}}{\sin 30°}$

$\overline{AB} = 12$ cm

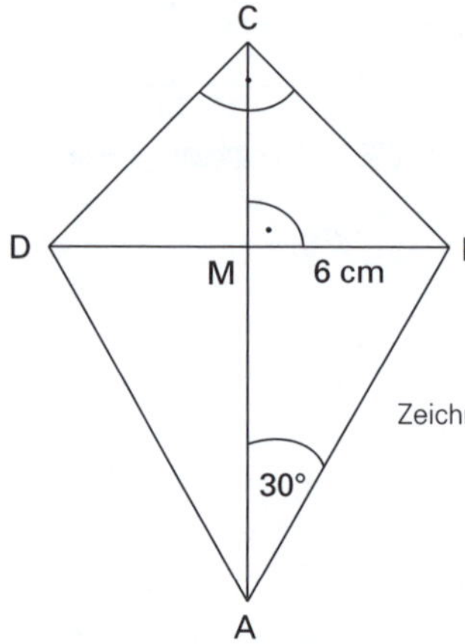

Zeichnung nicht maßstabsgerecht

b) △ MBC ist gleichschenklig-rechtwinklig.

$\Rightarrow \overline{MC} = 6$ cm

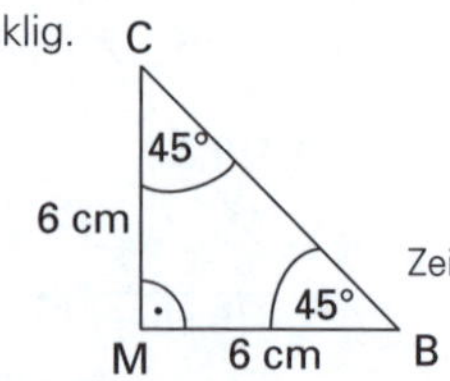

Zeichnung nicht maßstabsgerecht

Berechnung von $\overline{AM}$ mit dem **Satz des Pythagoras**:

$a^2 + b^2 = c^2$

$\overline{AM}^2 + \overline{MB}^2 = \overline{AB}^2 \quad | - \overline{MB}^2$

$\overline{AM}^2 = \overline{AB}^2 - \overline{MB}^2$

$\overline{AM}^2 = (12\text{ cm})^2 - (6\text{ cm})^2$

$\overline{AM} = 10{,}39$ cm

$\Rightarrow \overline{AC} = \overline{AM} + \overline{MC}$

$\overline{AC} = 10{,}39\text{ cm} + 6\text{ cm}$

$\overline{AC} = 16{,}39$ cm

c) $A = \frac{1}{2}\overline{AC} \cdot \overline{BD}$

$A = \frac{1}{2} \cdot 16{,}39\ \text{cm} \cdot 12\ \text{cm}$
$A = 98{,}34\ \text{cm}^2$

Aufgabe 4

Auf dem Parkplatz sind insgesamt 12 Pkw-Stellplätze. Ein Stellplatz ist etwa 5 m lang und 2,50 m breit. Die rechteckige Fläche zwischen den Parkplätzen ist etwa 15 m lang und 6 m breit.

$A_{Gesamt} = 12 \cdot A_1 + A_2$

$A_1 = 5\ \text{m} \cdot 2{,}5\ \text{m}$ $\quad$ $A_2 = 15\ \text{m} \cdot 6\ \text{m}$
$A_1 = 12{,}50\ \text{m}^2$ $\quad$ $A_2 = 90\ \text{m}^2$

$A_{Gesamt} = 12 \cdot 12{,}50\ \text{m}^2 + 90\ \text{m}^2$
$A_{Gesamt} = 240\ \text{m}^2$

Der Flächeninhalt des Parkplatzes beträgt ungefähr 240 m².

Aufgabe 5

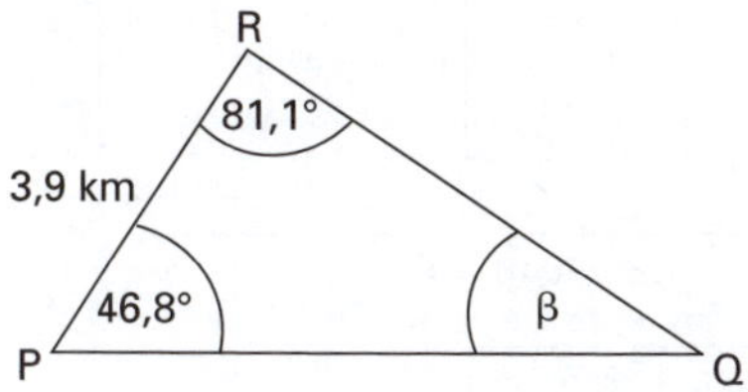

Zeichnung nicht maßstabsgerecht

1. Schritt:
Berechnung von β mit der Winkelsumme im Dreieck:

$\alpha + \beta + \gamma = 180°$

$\beta = 180° - 81{,}1° - 46{,}8°$
$\beta = 52{,}1°$

2. Schritt:
Berechnung von $\overline{QR}$ mit dem **Sinussatz**:

$$\frac{\overline{RQ}}{\sin 46{,}8°} = \frac{3{,}9\ \text{km}}{\sin 52{,}1°} \quad | \cdot \sin 46{,}8°$$

$$\overline{RQ} = \frac{3{,}9\ \text{km} \cdot \sin 46{,}8°}{\sin 52{,}1°}$$

$$\overline{RQ} = 3{,}6\ \text{km}$$

Die Orte Q und R sind 3,6 km voneinander entfernt.

Aufgabe 6

1. Schritt:
Berechnung des Flächeninhalts des großen Blumenbeetes:

$A = 40\ m \cdot 25\ m$
$A = 1000\ m^2$

2. Schritt:
Berechnung der Wegfläche:

Wenn 90 % für Blumenbepflanzung verwendet werden, bleiben 10 % für die Wegfläche.

10 % von $1000\ m^2 = 100\ m^2$ Wegfläche

3. Schritt:
Berechnung der Breite x des Weges:

I. Möglichkeit

$A = A_1 + A_2 - A_3$
$A = 25 \cdot x + 40 \cdot x - x \cdot x$
$A = -x^2 + 65x$

$-x^2 + 65x = 100$
$-x^2 + 65x - 100 = 0 \quad | \cdot (-1)$
$x^2 - 65x + 100 = 0$
$p = -65 \quad q = 100$

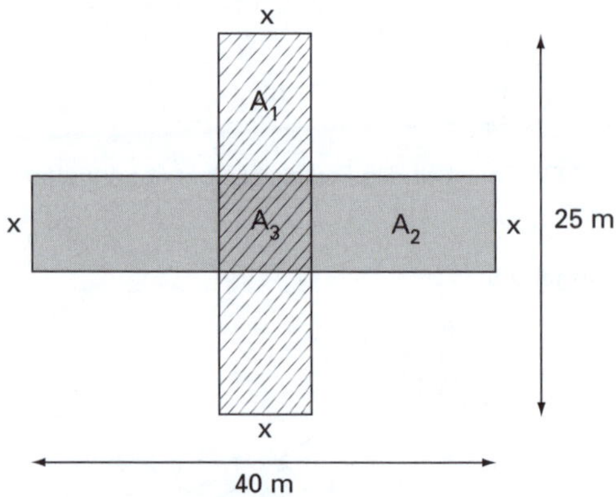

Zeichnung nicht maßstabsgerecht

$x_{1/2} = 32{,}5 \pm \sqrt{32{,}5^2 - 100}$
$x_{1/2} = 32{,}5 \pm 30{,}92$

$$x_{1/2} = -\frac{p}{2} \pm \sqrt{\left(\frac{p}{2}\right)^2 - q}$$

$x_1 = 62{,}92 \quad x_2 = 1{,}58$

Der Weg muss 1,58 m breit sein.

II. Möglichkeit

$A = A_1 + 2 \cdot A_4$
$A_1 = 25 \cdot x$
$A_4 = \left(20 - \frac{1}{2}x\right) \cdot x$
$A_4 = 20x - \frac{1}{2}x^2$

$A = 25x + 2 \cdot \left(20x - \frac{1}{2}x^2\right)$
$A = 25x + 40x - x^2$
$A = -x^2 + 65x^{(*)}$

(*) siehe Möglichkeit I

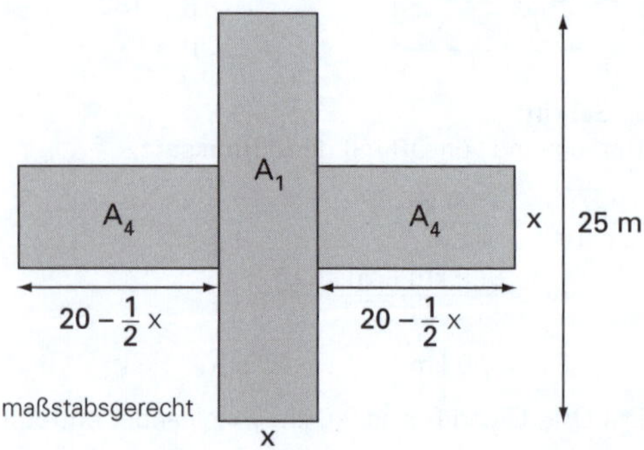

Zeichnung nicht maßstabsgerecht

III. Möglichkeit

Man zerlegt die Gesamtfläche in vier gleich große Teilflächen. Dann muss die Wegfläche auch der 4. Teil von 100 m^2, also 25 m^2 sein.

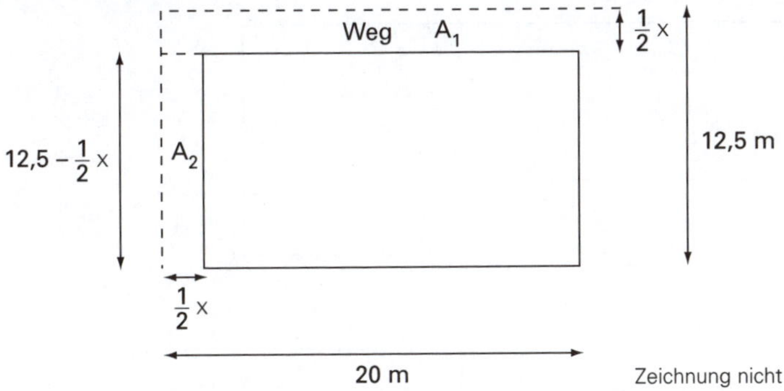

Zeichnung nicht maßstabsgerecht

$A = A_1 + A_2$

$A_1 = 20 \cdot \frac{1}{2}x = 10x$

$A_2 = \left(12{,}5 - \frac{1}{2}x\right) \cdot \frac{1}{2}x$

$A_2 = 6{,}25x - \frac{1}{4}x^2$

$A = 10x + 6{,}25x - \frac{1}{4}x^2$

$A = -\frac{1}{4}x^2 + 16{,}25x$

$-\frac{1}{4}x^2 + 16{,}25\,x = 25$

$-\frac{1}{4}x^2 + 16{,}25\,x - 25 = 0 \qquad | \cdot (-4)$

$x^2 - 65x + 100 = 0$ siehe quadratische Gleichung bei I. Möglichkeit

⋮

$x = 1{,}58$

10. Berechnungen an Körpern

Aufgabe 1

a) $V_Q = a \cdot b \cdot c$ ⇒ $V = a \cdot b \cdot c \qquad | : (a \cdot b)$

$c = \frac{V}{a \cdot b}$

$c = \frac{56\ cm^3}{6{,}5\ cm \cdot 3{,}2\ cm}$

$c = 2{,}69\ cm$

Training

Schrägbild:

$a = \overline{AB} = 6{,}5$ cm $b = \overline{BC} = 3{,}2$ cm $c = \overline{BF} = 2{,}69$ cm

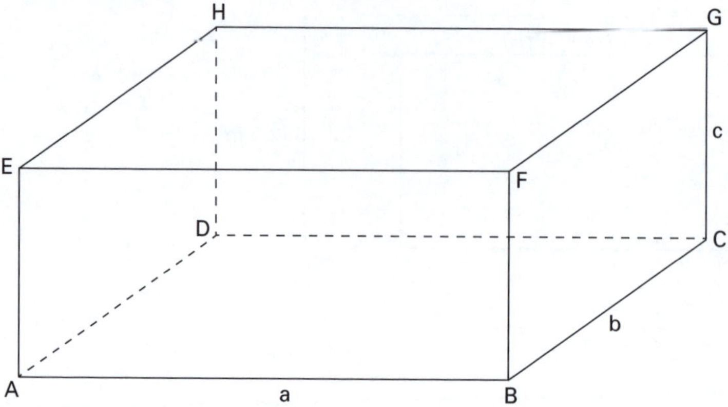

Netz: (Maßstab 1 : 2)

$a = \overline{AB} = 3{,}25$ cm
$b = \overline{BC} = 1{,}6$ cm
$c = \overline{BF} = 1{,}35$ cm

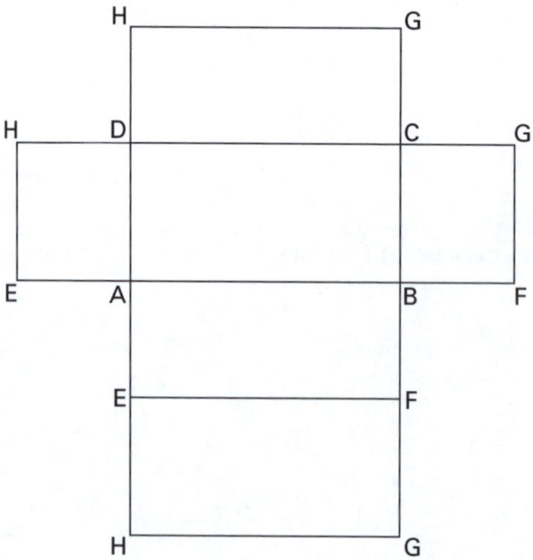

b) $M = 2\,r\,\pi\,h$

1. Schritt:
Berechnung der Höhe h:

$M = 2\,r\,\pi\,h \qquad | : (2r\pi)$

$h = \frac{M}{2r\pi}$

$h = \frac{168\ \text{cm}^2}{2 \cdot 8{,}2\ \text{cm} \cdot \pi}$

$h = 3{,}26\ \text{cm}$

2. Schritt:
Berechnung des Volumens:

$V = r^2\,\pi\,h \quad \Rightarrow \quad V = (8{,}2\ \text{cm})^2 \cdot \pi \cdot 3{,}26\ \text{cm}$

$V = 688{,}64\ \text{cm}^3$

c)

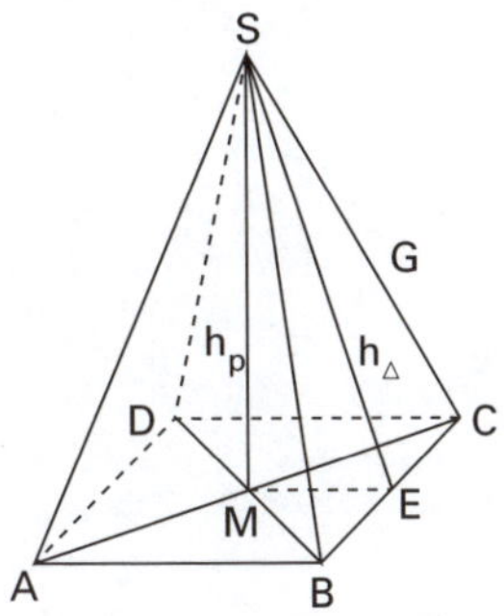

Zeichnung nicht maßstabsgerecht

1. Schritt:
Berechnung der Pyramidenhöhe h_p:

$V = \frac{1}{3}\,G \cdot h \quad \Rightarrow \quad V = \frac{1}{3} \cdot a^2 \cdot h_p \qquad | \cdot 3 \qquad | : a^2$

$h_p = \frac{3 \cdot V}{a^2}$

$h_p = \frac{3 \cdot 28\ \text{cm}^3}{(3{,}2\ \text{cm})^2}$

$h_p = 8{,}2\ \text{cm}$

2. Schritt:
Berechnung der Dreieckshöhe h_Δ:

Nach dem **Satz des Pythagoras** gilt:
$h_\Delta^2 = (1{,}6\ \text{cm})^2 + (8{,}2\ \text{cm})^2$
$h_\Delta = 8{,}35\ \text{cm}$

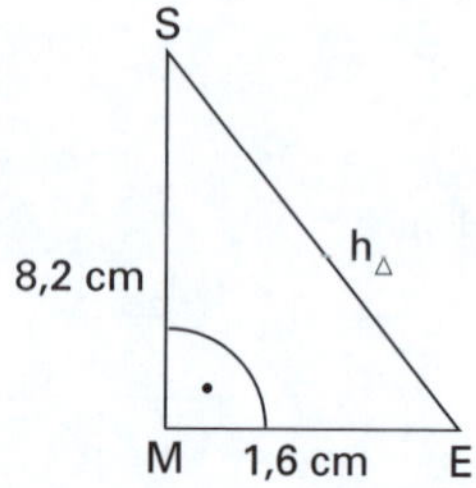

Zeichnung nicht maßstabsgerecht

3. Schritt:
Berechnung des Flächeninhalts einer Seitenfläche:

$A_\Delta = \frac{1}{2} g \cdot h$ $\Rightarrow$ $A_\Delta = \frac{1}{2} \cdot 3{,}2\ \text{cm} \cdot 8{,}35\ \text{cm}$

$A_\Delta = 13{,}36\ \text{cm}^2$

4. Schritt:
Berechnung des Oberflächeninhalts:

$O = G + M$ $\Rightarrow$ $O = G + 4 \cdot A_\Delta$
$O = (3{,}2\ \text{cm})^2 + 4 \cdot 13{,}36\ \text{cm}^2$
$O = 63{,}68\ \text{cm}^2$

d) Die erste Aussage ist falsch!
Ursprünglicher Quader:
$V = a \cdot b \cdot c$

Neuer Quader:
$V' = 2a \cdot 2b \cdot 2c$
$V' = 8 \cdot a \cdot b \cdot c$
$V' = 8 \cdot V$

Das Volumen ist 8-mal so groß.

Die zweite Aussage ist richtig.
Ursprünglicher Würfel:
$O = 6 \cdot a^2$

Neuer Würfel:
$O' = 6 \cdot \left(\frac{1}{2} a\right)^2$
$O' = 6 \cdot \frac{1}{4} a^2$
$O' = \frac{1}{4} \cdot (6a^2)$
$O' = \frac{1}{4} \cdot O$

Die dritte Aussage ist richtig.
Ursprünglicher Quader:
$V = a \cdot b \cdot c$

Neuer Quader:
$V' = 2a \cdot \frac{1}{2} b \cdot c$
$V' = a \cdot b \cdot c$
$V' = V$

Die vierte Aussage ist falsch!

Großer Würfel:
$a = 4$ cm

$V = (4\text{ cm})^3$
$V = 64\text{ cm}^3$

Kleiner Würfel:
$a = 1$ cm

$V' = (1\text{ cm})^3$
$V' = 1\text{ cm}^3$

$\Rightarrow$ $V = 64 \cdot V'$

$\Rightarrow$ In den großen Würfel passen 64 kleine Würfel.

Aufgabe 2

a) $V_t = r^2 \pi \cdot h$ | $1\text{ dm}^3 = 1$ Liter | $1000\text{ cm}^3 = 1\text{ dm}^3$

$V = (32\text{ cm})^3 \cdot \pi \cdot 95\text{ cm}$
$V = 305\,614{,}13\text{ cm}^3$ $\Rightarrow$ $V = 305{,}61\text{ dm}^3$

In die Regentonne passen 305 Liter.

b) Der Mann ist etwa 1,80 m groß.
Höhe des Silos: etwa $3 \cdot 1{,}80\text{ m} = 5{,}40\text{ m}$
Durchmesser des Silos: etwa $2 \cdot 1{,}80\text{ m} = 3{,}60\text{ m}$

$A_{Gesamt} = M_{Zylinder} + A_{Kreis}$

1. Schritt:
Berechnung von M_Z:

$M_Z = 2r\,\pi\,h$

$r = 1{,}80\text{ m}$ $h = 5{,}40\text{ m}$
$M_Z = 2 \cdot 1{,}80\text{ m} \cdot \pi \cdot 5{,}40\text{ m}$
$M_Z = 61{,}07\text{ m}^2$

2. Schritt:
Berechnung von A_K:

$A_K = r^2 \cdot \pi$

$r = 1{,}80\text{ m}$
$A_K = (1{,}80\text{ m})^2\,\pi$
$A_K = 10{,}18\text{ m}^2$

3. Schritt:
Berechnung der Gesamtfläche A_G:
$A_G = 61{,}07\text{ m}^2 + 10{,}18\text{ m}^2$
$A_G = 71{,}25\text{ m}^2$

Es müssen $71{,}25\text{ m}^2$ gestrichen werden.

Aufgabe 3

$V_{Ke} = \frac{1}{3} r^2 \pi \cdot h$

$M = r \pi s$

1. Schritt:
Berechnung der Höhe h:

$\tan 50° = \frac{4\text{ cm}}{h}$

$h = \frac{4\text{ cm}}{\tan 50°}$

$h = 3{,}36\text{ cm}$

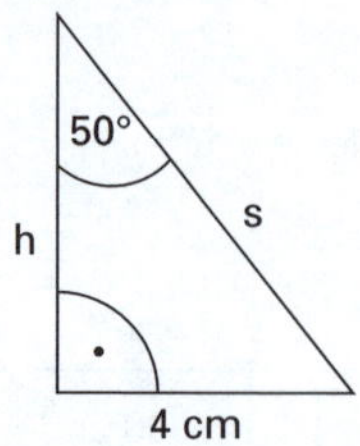

Zeichnung nicht maßstabsgerecht

2. Schritt:
Berechnung der Mantellinie s:

I. Möglichkeit

$\sin 50° = \frac{4\text{ cm}}{s}$

$s = \frac{4\text{ cm}}{\sin 50°}$

$s = 5{,}22\text{ cm}$

II. Möglichkeit

$s^2 = (4\text{ cm})^2 + (3{,}36\text{ cm})^2$

$s = 5{,}22\text{ cm}$

3. Schritt:
Berechnung des Volumens V:

$V = \frac{1}{3} \cdot (4\text{ cm})^2\, \pi \cdot 3{,}36\text{ cm}$

$V = 56{,}30\text{ cm}^3$

4. Schritt:
Berechnung des Inhalts der Mantelfläche M:

$M = 4\text{ cm} \cdot \pi \cdot 5{,}22\text{ cm}$

$M = 65{,}60\text{ cm}^2$

Aufgabe 4

a) **1. Schritt:**
Berechnung der Gesamtlänge l des Drahtes:

$l = 4 \cdot 8\text{ cm} + 4 \cdot 6\text{ cm} + 4 \cdot 4\text{ cm}$

$l = 72\text{ cm}$

2. Schritt:
Berechnung der Seitenkante s der Pyramide:

$72\text{ cm} - 4 \cdot 5\text{ cm} = 52\text{ cm}$

$52\text{ cm} : 4 = 13\text{ cm}$

$\Rightarrow s = 13\text{ cm}$

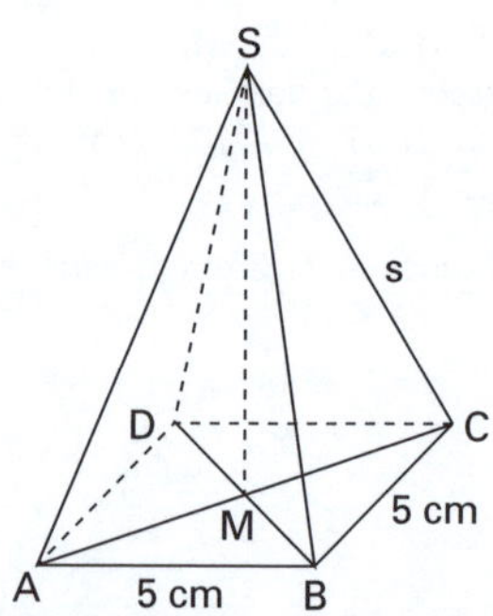

Zeichnung nicht maßstabsgerecht

3. Schritt:
Berechnung der Höhe $h = \overline{MS}$:

$\overline{MB}$ ist die Länge der halben Diagonalen im Quadrat ABCD.

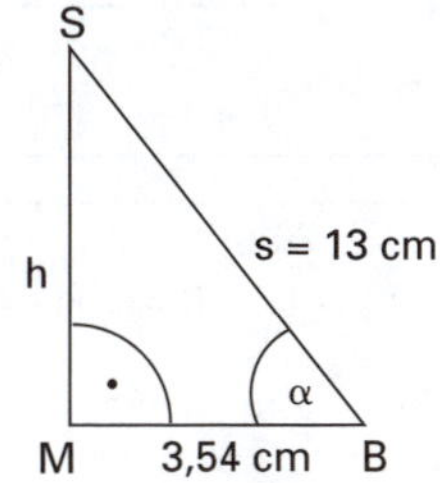

Zeichnung nicht maßstabsgerecht

$$\boxed{d = a\sqrt{2}} \quad \Rightarrow \quad d = 5\text{ cm} \cdot \sqrt{2}$$
$$\underline{d = 7{,}07\text{ dm}}$$
$$\Rightarrow \quad \overline{MB} = 3{,}54\text{ cm}$$

Nach dem **Satz des Pythagoras** gilt:
$h^2 = (13\text{ cm})^2 - (3{,}54\text{ cm})^2$
$h \;= 12{,}51\text{ cm}$

b) **I. Möglichkeit**

$$\boxed{\tan\alpha = \frac{GK}{AK}}$$

$$\tan\alpha = \frac{12{,}51\text{ cm}}{3{,}54\text{ cm}}$$
$$\alpha = 74{,}2°$$

II. Möglichkeit

$$\boxed{\cos\alpha = \frac{AK}{Hy}}$$

$$\cos\alpha = \frac{3{,}54\text{ cm}}{13\text{ cm}}$$
$$\alpha = 74{,}2°$$

III. Möglichkeit

$$\boxed{\sin\alpha = \frac{GK}{Hy}}$$

$$\sin\alpha = \frac{12{,}51\text{ cm}}{13\text{ cm}}$$
$$\alpha = 74{,}2°$$

Aufgabe 5

a) Volumen des Schwimmbeckens:
$V = 20\text{ m} \cdot 8\text{ m} \cdot 3\text{ m}$
$V = 480\text{ m}^3$

$100\ \% \mathrel{\hat{=}} 480\text{ m}^3$

$85\ \% \mathrel{\hat{=}} \frac{480\text{ m}^3 \cdot 85}{100}$

$= 408\text{ m}^3$

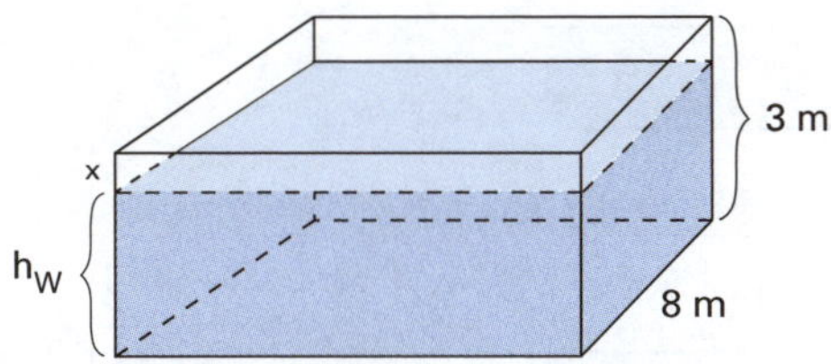

Zeichnung nicht maßstabsgerecht

Berechnung der Wasserhöhe h_W:

$$V = 20\text{ m} \cdot 8\text{ m} \cdot h_W$$
$$408\text{ m}^3 = 160\text{ m}^2 \cdot h_W \qquad \mid : 160\text{ m}^2$$
$$h_W = 2{,}55\text{ m}$$

$x = 3\text{ m} - 2{,}55\text{ m}$
$x = 0{,}45\text{ m}$

Zwischen Wasseroberfläche und Beckenrand liegen 45 cm.

Training

b) Diese Wassermenge muss nachgefüllt werden:

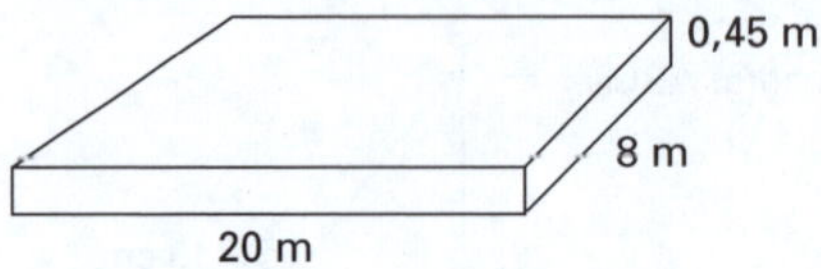

Zeichnung nicht maßstabsgerecht

$V = 20\text{ m} \cdot 8\text{ m} \cdot 0{,}45\text{ m}$
$V = 72\text{ m}^3 \quad \Rightarrow \quad V = 72\,000\text{ dm}^3$

$1\text{ dm}^3 = 1\text{ Liter}$

Es müssen 72 000 Liter nachgefüllt werden.

72 000 l : 15 l = 4800
Der Füllvorgang dauert 4800 Sekunden.

4800 s : 60 ⇒ 80 min ⇒ 1 h 20 min
Der Füllvorgang dauert 1 h 20 min.

Aufgabe 6

a) $V = V_{HK} + V_Z + V_K$

↑ Halbkugel ↑ Zylinder ↑ Kegel

$$V_{HK} = \frac{1}{2} \cdot \frac{4}{3} r^3\pi$$

r = 5 cm

$$V_{HK} = \frac{1}{2} \cdot \frac{4}{3} \cdot (5\text{ cm})^3 \cdot \pi$$

$$V_{HK} = 261{,}80\text{ cm}^3$$

$$V_Z = r^2\,\pi \cdot h$$

r = 2 cm
h = 12 cm – 5 cm
h = 7 cm

$V_Z = (2\text{ cm})^2\,\pi \cdot 7\text{ cm}$
$V_Z = 87{,}96\text{ cm}^3$

$$V_K = \frac{1}{3} r^2\pi \cdot h$$

r = 2 cm
h = 3 cm

$$V_K = \frac{1}{3} \cdot (2\text{ cm})^2 \cdot \pi \cdot 3\text{ cm}$$

$V_K = 12{,}57\text{ cm}^2$

$V = 261{,}80\text{ cm}^3 + 87{,}96\text{ cm}^3 + 12{,}57\text{ cm}^3$

$V = 362{,}33\text{ cm}^3$ Volumen des Gesamtkörpers

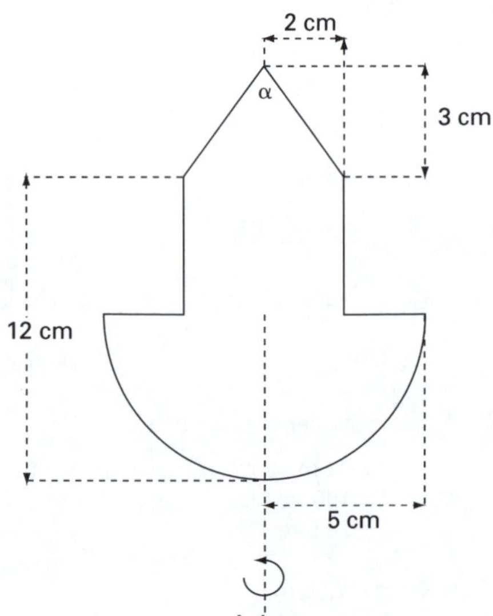

Zeichnung nicht maßstabsgerecht

b) $O = O_{HK} + M_Z + M_K + A_{Kreisring}$

$O_{HK} = \frac{1}{2}\,4r^2\pi$

$O_{HK} = \frac{1}{2} \cdot 4 \cdot (5\text{ cm})^2\,\pi$

$O_{HK} = 157{,}08\text{ cm}^2$

$M_Z = 2r\,\pi\,h$

$M_Z = 2 \cdot 2\text{ cm}\,\pi \cdot 7\text{ cm}$

$M_Z = 87{,}96\text{ cm}^2$

$M_K = r\,\pi\,s$

$M_K = 2\text{ cm} \cdot \pi \cdot 3{,}61\text{ cm}$

$M_K = 22{,}68\text{ cm}^2$

Satz des Pythagoras
$s^2 = (2\text{ cm})^2 + (3\text{ cm})^2$
$s = 3{,}61\text{ cm}$

$A_{Kreisring} = r_1^2\pi - r_2^2\pi$

$r_1 = 5\text{ cm}$
$r_2 = 2\text{ cm}$

$A_{KR} = (5\text{ cm})^2\pi - (2\text{ cm})^2\pi$
$A_{KR} = 65{,}97\text{ cm}^2$

$O = 157{,}08\text{ cm}^2 + 87{,}96\text{ cm}^2 + 22{,}68\text{ cm}^2 + 65{,}97\text{ cm}^2$
$O = 333{,}69\text{ cm}^2$

c) Das Winkelmaß $\frac{\alpha}{2}$ kann mit dem Sinus, Kosinus oder Tangens berechnet werden.

$\tan\frac{\alpha}{2} = \frac{2\text{ cm}}{3\text{ cm}}$

$\frac{\alpha}{2} = 33{,}69° \quad \Rightarrow \quad \alpha = 67{,}38°$

Der Öffnungswinkel hat das Maß 67,38°.

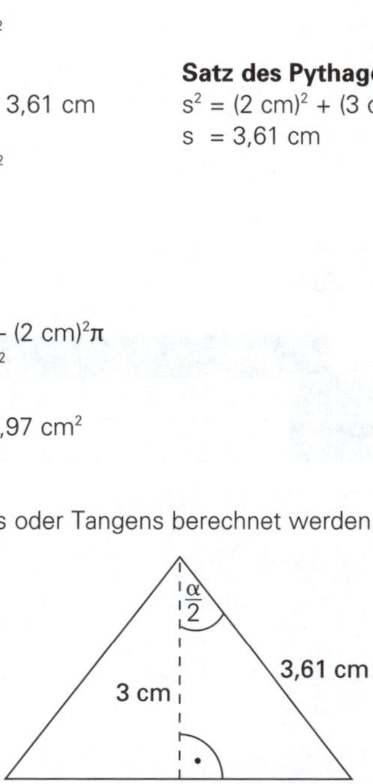

Zeichnung nicht maßstabsgerecht

11. Wachstum und Zerfall

Aufgabe 1

a) $x^5 = 8 \quad | \sqrt[5]{\ }$
$x = 1{,}516$

b) $6^x = 110$

I. Möglichkeit

$x = \log_6 110$

$x = \frac{\lg 110}{\lg 6}$

$x = 2{,}623$

II. Möglichkeit

$\lg 6^x = \lg 110$

$x \cdot \lg 6 = \lg 110 \quad | : \lg 6$

$x = \frac{\lg 110}{\lg 6} \qquad x = 2{,}623$

c) $\log_3 x = 5$

$3^5 = x$

$x = 243$

d) $2{,}5^{2x} = 20$

I. Möglichkeit

$2x = \log_{2,5} 20$

$2x = \frac{\lg 20}{\lg 2{,}5}$ | : 2

$x = \frac{1}{2} \frac{\lg 20}{\lg 2{,}5}$

$x = 1{,}635$

II. Möglichkeit

$\lg 2{,}5^{2x} = \lg 20$

$2x \cdot \lg 2{,}5 = \lg 20$ | : lg 2,5

$2x = \frac{\lg 20}{\lg 2{,}5}$ | : 2

$x = \frac{1}{2} \frac{\lg 20}{\lg 2{,}5}$

$x = 1{,}635$

Aufgabe 2

a) Vorschlag Vater: $y = 2x + 5$

Vorschlag Mutter: $y = 2^x$

b)

	x	0	1	2	3	4	5
Vater	y	5	7	9	11	13	15
Mutter	y	1	2	4	8	16	32

c)

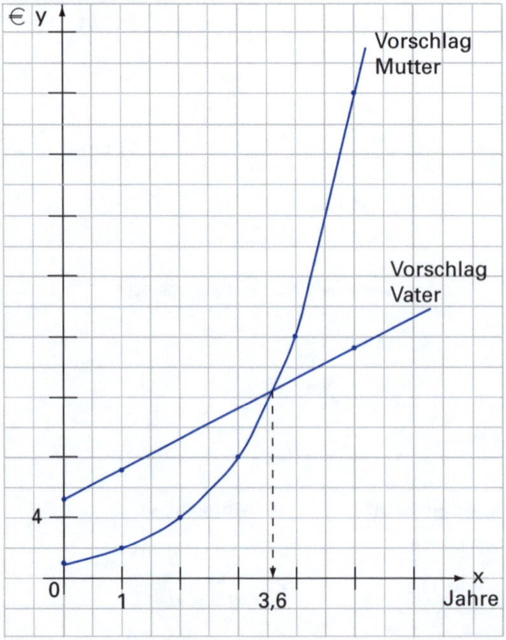

d) Die Höhe des Taschengeldes steigt beim exponentiellen Wachstum (Vorschlag Mutter) viel stärker an als beim linearen Wachstum (Vorschlag Vater).

	Taschengeld	
	Vorschlag Mutter	Vorschlag Vater
6 – 9,6 Jahre	weniger	mehr
etwa 9,6 Jahre	gleicher Betrag	
ab 9,6 Jahren	mehr	weniger

Der Unterschied zwischen den beiden Beträgen wird immer größer.

Aufgabe 3

Die Gleichungen werden nach dem **Gleichsetzverfahren** gelöst (siehe Themenbereich „Lineare Gleichungssysteme mit zwei Variablen").

(A) = (B) $\Rightarrow$

$$20 \cdot 0{,}92^x = 30 \cdot 0{,}90^x \qquad | : 20$$

$$0{,}92^x = 1{,}5 \cdot 0{,}90^x \qquad | : 0{,}90^x$$

$$\frac{0{,}92^x}{0{,}90^x} = 1{,}5$$

$$\left(\frac{0{,}92}{0{,}90}\right)^x = 1{,}5$$

$$\frac{a^n}{b^n} = \left(\frac{a}{b}\right)^n$$

$$1{,}022^x = 1{,}5$$

↙ oder ↘

$$x = \log_{1{,}022} 1{,}5$$

Basis-umrechnung

$$x = \frac{\lg 1{,}5}{\lg 1{,}022}$$

$$x = 18{,}63$$

oder:

$$\lg 1{,}022^x = \lg 1{,}5$$

$$x \lg 1{,}022 = \lg 1{,}5 \qquad | : \lg 1{,}022$$

$$x = \frac{\lg 1{,}5}{\lg 1{,}022}$$

$$x = 18{,}63$$

x = 18,63 in (A) einsetzen oder x = 18,63 in (B) einsetzen

$y = 20 \cdot 0{,}92^{18{,}63}$ | $y = 30 \cdot 0{,}90^{18{,}63}$

$y = 4{,}23$ | $y = 4{,}21$

Nach 18,63 Wochen sind bei beiden Produkten noch 4,23 kg vorhanden.

Aufgabe 4

Zuerst muss die Anzahl der Halbwertszeiten berechnet werden.
Die angegebene Halbwertszeit beträgt 55,6 Sekunden. Die Zeitdauer des Zerfalls beträgt 2 min = 120 s. Daraus ergibt sich die Anzahl der Halbwertszeiten mit

$\frac{t}{T} = 120\ s : 55{,}6\ s = 2{,}158$

$$N_t = N_o \cdot 0{,}5^{\frac{t}{T}} \quad \Rightarrow \quad N_2 = 125\ g \cdot 0{,}5^{2{,}158} \qquad \frac{1}{8}\ kg = 125\ g$$

$$N_2 = 28\ g$$

Nach 2 Minuten sind noch 28 g Radon vorhanden.

Aufgabe 5

1. Schritt:
Berechnung des Neupreises:

$55\ \% \triangleq 21\,500\ €$

$100\ \% \triangleq \frac{21\,500 \cdot 100}{55}\ €$

$= 39\,090{,}91\ €$

2. Schritt:
Berechnung des durchschnittlichen Wertverlustes:

$$W_n = W_o \left(1 - \frac{p}{100}\right)^n$$

$W_o = 39\,090{,}91\ €$
$W_n = 21\,500\ €$
$n = 4$

$21\,500\ € = 39\,090{,}91\ € \left(1 - \frac{p}{100}\right)^4 \quad | : 39\,090{,}91\ €$

$0{,}55 = \left(1 - \frac{p}{100}\right)^4 \quad | \sqrt[4]{\ }$

$0{,}861 = 1 - \frac{p}{100} \quad | -1$

$-0{,}139 = -\frac{p}{100} \quad | \cdot (-100)$

$p = 13{,}9$

Der durchschnittliche jährliche Wertverlust beträgt 13,9 %.

Aufgabe 6

a) $B_n = 79\,209\,000$
$p = 0{,}58$
$n = 20$

$79\,209\,000 = B_0 \left(1 + \frac{0{,}58}{100}\right)^{20}$

$79\,209\,000 = B_0 \cdot 1{,}0058^{20} \quad | : 1{,}0058^{20}$
$70\,557\,292 = B_0$

Im Jahr 1986 hatte das Land 70 557 000 Einwohner.

Berechnete Werte in der Tabelle:

1966	70 557 000
1986	79 209 000
2006	81 912 000
2016	82 357 000

b) $B_0 = 79\,209\,000$
$p = 0{,}13$
$n = 30$

$$B_n = 79\,209\,000 \cdot \left(1 + \frac{0{,}13}{100}\right)^{30}$$
$$B_n = 79\,209\,000 \cdot 1{,}0013^{30}$$
$$B_n = 82\,357\,094$$

Im Jahr 2016 hatte das Land 82 357 000 Einwohner.

c) $B_0 = 81\,912\,000$
$B_n = 82\,357\,000$
$n = 10$

$$82\,357\,000 = 81\,912\,000 \cdot \left(1 + \frac{p}{100}\right)^{10} \qquad |:81\,912\,000$$
$$1{,}0054 = \left(1 + \frac{p}{100}\right)^{10} \qquad |\sqrt[10]{}$$
$$1{,}00053 = 1 + \frac{p}{100} \qquad |-1$$
$$0{,}00053 = \frac{p}{100} \qquad |\cdot 100$$
$$0{,}053 = p$$

Die Bevölkerung nahm pro Jahr durchschnittlich um 0,053 % zu.

d)

Jahre	Jährliches Wachstum
1966–1986	0,58 %
1986–2006	0,13 %
2006–2016	0,053 %

Das prozentuale Bevölkerungswachstum wird immer geringer; wenn die Entwicklung so weitergeht, könnte es sogar zu einer Bevölkerungsabnahme kommen.

12. Beschreibende Statistik und Wahrscheinlichkeit

Aufgabe 1

$5 + 3 + 11 + 10 + 2 + 2 = 33$

$$\text{Notendurchschnitt} = \frac{5 \cdot 1 + 3 \cdot 2 + 11 \cdot 3 + 10 \cdot 4 + 2 \cdot 5 + 2 \cdot 6}{33}$$
$$= \frac{5 + 6 + 33 + 40 + 10 + 12}{33} = \frac{106}{33} = 3{,}21$$

Der Notendurchschnitt beträgt 3,21.

Aufgabe 2

	Absolute Häufigkeit	Relative Häufigkeit		
		Bruch	Dezimalzahl	Prozent
	② –	② $\frac{0}{15}$	② 0,0	0
	⑥ 3	⑦ $\frac{1}{5}$	0,2	⑧ 20
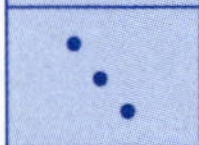	2	⑨ $\frac{2}{15}$	⑩ 0,13	⑪ 13
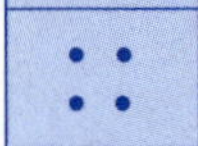	③ 5	$\frac{1}{3}$	④ 0,33	⑤ 33
	4	⑫ $\frac{4}{15}$	⑬ 0,27	⑭ 27
	1	⑮ $\frac{1}{15}$	⑯ 0,07	⑰ 7
	① 15			

$$\text{Relative Häufigkeit} = \frac{\text{Absolute Häufigkeit}}{\text{Gesamtzahl aller Würfe}}$$

Berechnung der oberen Werte:

① Es wurde 15-mal gewürfelt.

② 0 % bedeutet, dass die „1" nicht gewürfelt wurde.

③ $\frac{1}{3}$ erweitert auf den Nenner 15 $\Rightarrow$ $\frac{5}{15}$ $\Rightarrow$ Es wurde 5-mal die „4" gewürfelt.

④ 1 : 3 = 0,33 $\Rightarrow$ ⑤ 33 %

⑥ I. Möglichkeit: Differenz 15 – 1 – 4 – 5 – 2 = 3

II. Möglichkeit: $0{,}2 = \frac{1}{5} = \frac{3}{15}$ $\Rightarrow$ ⑦ $\frac{1}{5}$

$\Rightarrow$ Die „2" wurde 3-mal gewürfelt.

⑧ $0{,}20 = \frac{20}{100} = 20$ %

⑨ $\frac{2}{15}$ $\Rightarrow$ ⑩ 2 : 15 = 0,13 $\Rightarrow$ ⑪ 13 %

⑫ $\frac{4}{15}$ $\Rightarrow$ ⑬ 4 : 15 = 0,27 $\Rightarrow$ ⑭ 27 %

⑮ $\frac{1}{15}$ $\Rightarrow$ ⑯ 1 : 15 = 0,07 $\Rightarrow$ ⑰ 7 %

Probe

Die Summe aller Brüche und Dezimalzahlen muss 1 ergeben, die Summe der Prozentwerte muss 100 ergeben.

$$\frac{0}{15}+\frac{1}{5}+\frac{2}{15}+\frac{1}{3}+\frac{4}{15}+\frac{1}{15}=0+\frac{3}{15}+\frac{2}{15}+\frac{5}{15}+\frac{4}{15}+\frac{1}{15}=\frac{15}{15}=1$$

0,0 + 0,2 + 0,13 + 0,33 + 0,27 + 0,07 = 1

0 + 20 + 13 + 33 + 27 + 7 = 100

Aufgabe 3

a) 12 15 □ 23 28 30 34 34 40

Es stehen 9 Werte in der Rangliste. ⇒ Der mittlere Wert ist der Zentralwert.

⇒ Zentralwert = 28

b) Im Platzhalter können stehen: 15, 16, 17, 18, 19, 20, 21, 22, 23

c) Spannweite d = 40 – 12

d = 28

d) Wenn Zahlen fehlen bzw. unbekannt sind, kann das arithmetische Mittel nicht berechnet werden.

Aufgabe 4

Clara

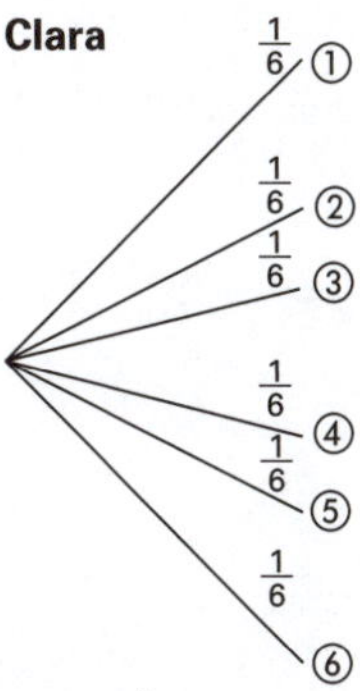

Gianni

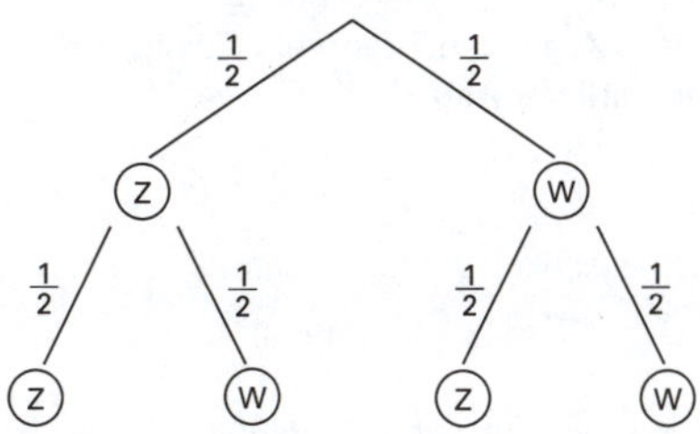

$P(6) = \frac{1}{6}$

$P(ZZ) = \frac{1}{2} \cdot \frac{1}{2} = \frac{1}{4}$

$\frac{1}{4} > \frac{1}{6}$ ⇒ Gianni hat recht.

Aufgabe 5

Von 10 Kugeln sind 3 Primzahlen (13, 17, 19) in der Schale.

$\Rightarrow$ P(Primzahl) $= \frac{3}{10} = 0{,}3 = 30\ \%$

Merke: Primzahlen haben nur zwei Teiler.
P = {2; 3; 5; 7; 11; 13; …}

Aufgabe 6

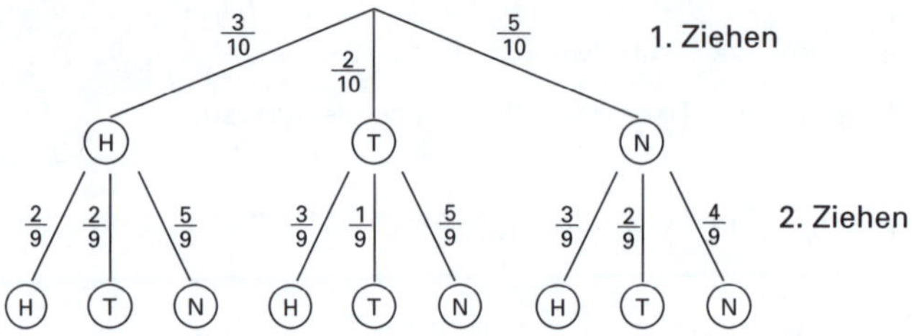

Beim ersten Ziehen sind insgesamt 10 Kugeln in der Lostrommel. Beim zweiten Ziehen sind nur noch 9 Kugeln in der Trommel.

Wenn Leonard beim ersten Zug einen Haupttreffer H zieht, sind beim zweiten Ziehen noch 2 H, 2 T und 5 N in der Trommel (linker Ast).

$\Rightarrow$ Wahrscheinlichkeit $P(H) = \frac{2}{9}$ $\quad P(T) = \frac{2}{9}$ $\quad P(N) = \frac{5}{9}$

Wenn Leonard beim ersten Zug einen Trostpreis T zieht, sind beim zweiten Ziehen noch 3 H, 1 T und 5 N in der Trommel (mittlerer Ast).

$\Rightarrow$ Wahrscheinlichkeit $P(H) = \frac{3}{9}$ $\quad P(T) = \frac{1}{9}$ $\quad P(N) = \frac{5}{9}$

Berechnung der Wahrscheinlichkeit zuerst H, dann T:

$\Rightarrow P(HT) = \frac{3}{10} \cdot \frac{2}{9} = \frac{6}{90} = \frac{1}{15}$ (1. Pfadregel)

Berechnung der Wahrscheinlichkeit zuerst T, dann H:

$\Rightarrow P(TH) = \frac{2}{10} \cdot \frac{3}{9} = \frac{6}{90} = \frac{1}{15}$ (1. Pfadregel)

Die Wahrscheinlichkeit, einen Hauptpreis und einen Trostpreis (ohne Rücksicht auf die Reihenfolge) zu ziehen, beträgt:

$P(HT, TH) = P(HT) + P(TH)$ (2. Pfadregel)

$= \frac{1}{15} + \frac{1}{15}$

$= \frac{2}{15}$

Training

Aufgabe 7

	Wahr	Falsch	Nicht entscheidbar
Mindestens ein Viertel der Mädchen hat höchstens 4 Nachhilfestunden bekommen.	x		
Mindestens 75 % der Jungen haben mehr als 12 Nachhilfestunden bekommen.			x
Mindestens drei Viertel der Mädchen hat höchstens 36 Nachhilfestunden bekommen.	x		

Pflichtaufgaben

Aufgabe P1

a) -1

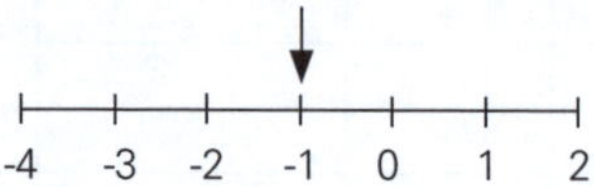

b) 1. Alle Zahlen, die zwischen 3,14 und 3,15 liegen, sind richtig.
Beispielsweise: x = 3,141; 3,142; 3,143

2. Alle Zahlen, die zwischen $\frac{1}{10}$ und $\frac{2}{5}$ liegen, sind richtig.

$\frac{2}{5} = \frac{4}{10}$ Mögliche Antwort: $y = \frac{2}{10}; \frac{3}{10}$

c) 1. $1\frac{1}{4}$ min = 1 min 25 s = 75 s

2. $\frac{1}{8}$ l = 125 ml

3. 65 g = 0,065 kg

1 kg = 1000 g

Aufgabe P2

a) $400\text{ g} \cdot \frac{7}{50} = \frac{400\text{ g} \cdot 7}{50} = 56\text{ g}$

Ein Becher Joghurt enthält 56 g Zucker.

b) Joghurt Zucker

· 5 (100 g ≙ 15 g) · 5
500 g ≙ 75 g

1 Würfelzucker = 3 g

$75\text{ g} : 3\,\frac{\text{g}}{\text{Stück}} = 25\text{ Stück}$

In dem Joghurt Becher sind 25 Stück Würfelzucker.

c) Kirsch-Joghurt:

Berechnung mit dem **Dreisatz**:

$250\text{ g} \triangleq 100\ \%$

(: 250) $1\text{ g} \triangleq 0{,}4\ \%$ (: 250)

(· 30) $30\text{ g} \triangleq 12\ \%$ (· 30)

oder

Berechnung über den **Anteil**:

30 g von 250 g

$\frac{30\text{ g}}{250\text{ g}} = \frac{6}{50} = 0{,}12 = 12\ \%$

oder

Berechnung mit der **Formel**:

GW = 250 g   PW = 30 g   p % = ?

$p\ \% = \frac{PW \cdot 100}{GW}$

$p\ \% = \frac{30\text{ g} \cdot 100}{250\text{ g}}$

$p\ \% = 12\ \%$

Erdbeer-Joghurt:

Berechnung mit dem **Dreisatz**:

$200\text{ g} \triangleq 100\ \%$

(: 200) $1\text{ g} \triangleq 0{,}5\ \%$ (: 200)

(· 28) $28\text{ g} \triangleq 14\ \%$ (· 28)

oder

Berechnung über den **Anteil**:

28 g von 200 g

$\frac{28\text{ g}}{200\text{ g}} = \frac{7}{50} = 0{,}14 = 14\ \%$

oder

Berechnung mit der **Formel**:

GW = 200 g   PW = 28 g   p % = ?

$p\ \% = \frac{PW \cdot 100}{GW}$

$p\ \% = \frac{28\text{ g} \cdot 100}{200\text{ g}}$

$p\ \% = 14\ \%$

Der Kirsch-Joghurt hat einen geringeren Anteil an Zucker.

Aufgabe P3

a) Berechnung mit dem **Dreisatz**:

$100\ \% \triangleq 107\,700$

(: 100) $1\ \% \triangleq 1077$ (: 100)

(· 21) $21\ \% \triangleq 22\,617$ (· 21)

$107\,700 + 22\,617 = 130\,317$

Berechnung mit der **Formel**:

GW = 107 700 p % = 21 % (oder 121 %) PW = ?

↳ vermehrter Grundwert

$PW = \frac{GW \cdot p\,\%}{100}$ $PW = \frac{GW \cdot p\,\%}{100}$

$PW = \frac{107\,700 \cdot 21\,\%}{100}$ $PW = \frac{107\,700 \cdot 121\,\%}{100}$

PW = 22 617 PW = 130 317

107 700 + 22 617 = 130 317

Im Jahr 2016 waren es 130 317 Hybridautos.

b) Bilde die Differenz:
2017 2015
165 400 – 107 700 = 57 700

57 700 : 107 700 = 0,535 … ≈ 54 %

Es ist ein Anstieg von 57 700 Hybridautos zu verzeichnen. Dies entspricht 54 %.

Aufgabe P4

a) $P(\text{Ziffer } 2) = \frac{\text{Anzahl Ziffer 2}}{\text{Alle Chips}} = \frac{10}{15} = \frac{2}{3} = 0{,}667 = 66{,}7\,\%$

b) 1. Ohne Zurücklegen

$P(12) = \frac{5}{15} \cdot \frac{10}{14} = \frac{50}{210} = \frac{5}{21} = 0{,}238 = 23{,}8\,\%$

2. Mit Zurücklegen

$P(12) = \frac{5}{15} \cdot \frac{10}{15} = \frac{50}{225} = \frac{2}{9} = 0{,}222 = 22{,}2\,\%$

Die Wahrscheinlichkeit ist mit Zurücklegen kleiner. Es liegen mehr Chips im Beutel und somit wird die Wahrscheinlichkeit für die Ziffer 2 kleiner.

Aufgabe P5

a) 1. Berechnung der Nullstellen:

Bdg.: y = 0

$y = 0,5x + 3$
$0 = 0,5x + 3 \quad | -3$
$-3 = 0,5x \quad | : 0,5$
$-6 = x$

Einsetzen in die Gleichung als Probe:
$0 = 0,5 \cdot (-6) + 3$
$0 = 0$
N (-6 I 0)

2. P (-12,4 I -2,8) liegt nicht auf der Geraden, denn durch Einsetzen erhält man:
$y = 0,5x + 3$
$-2,8 = 0,5 \cdot (-12,4) + 3$
$-2,8 = -6,2 + 3$
$-2,8 \neq -3,2$

3. Bestimmung des Schnittpunktes durch Ablesen:
S (1 I 3,5)

4.

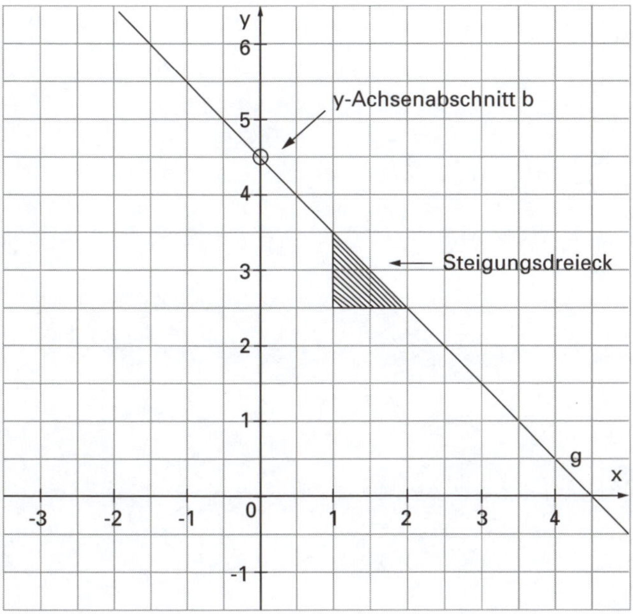

$y = mx + b$
y-Achsenschnitt b: + 4,5
Steigung: m = -1
Einsetzen: $y = -1x + 4,5$

b) Wenn man eine lineare Funktion $y = mx + b$ mit $m \neq 0$ an der x-Achse spiegelt, ändert sich das Vorzeichen der Steigung (m) und ebenfalls das Vorzeichen des y-Achsenabschnitts.

Aufgabe P6

a)
$$\begin{array}{l} \text{I} \\ \text{II} \end{array} \left| \begin{array}{r} 2x - 4y = -32 \\ x = y - 4 \end{array} \right|$$

Umformen:

$$\begin{array}{llr} \text{I} & 2x - 4y = -32 & \mid + 4y \\ & 2x = 4y - 32 & \\ \text{II} & x = y - 4 & \mid \cdot 2 \\ & 2x = 2y - 8 & \end{array}$$

Gleichsetzverfahren:

$$\begin{array}{rl} 4y - 32 = 2y - 8 & \mid -2y \\ 2y - 32 = -8 & \mid +32 \\ 2y = 24 & \mid :2 \\ y = 12 & \end{array}$$

Einsetzen in II (oder I):

$x = 12 - 4$

$x = 8$

Probe:

$$\begin{array}{lrlr} \text{I} & 2 \cdot 8 - 4 \cdot 12 = -32 & \text{II} & 8 = 12 - 4 \\ & -32 = -32 & & 8 = 8 \end{array}$$

$\mathbb{L} = \{8; 12\}$

oder

$$\begin{array}{l} \text{I} \\ \text{II} \end{array} \left| \begin{array}{r} 2x - 4y = -32 \\ x = y - 4 \end{array} \right|$$

Umformen:

$$\begin{array}{llr} \text{II} & x = y - 4 & \mid \cdot 2 \\ & 2x = 2y - 8 & \end{array}$$

Einsetzverfahren:

II in I

$$\begin{array}{rl} 2y - 8 - 4y = -32 & \\ -2y - 8 = -32 & \mid +8 \\ -2y = -24 & \mid :(-2) \\ y = 12 & \end{array}$$

Einsetzen in II (oder I):
$x = 12 - 4$
$x = 8$

Probe:

I	$2 \cdot 8 - 4 \cdot 12 = -32$	II	$8 = 12 - 4$
	$-32 = -32$		$8 = 8$

$\mathbb{L} = \{8; 12\}$

oder

Additionsverfahren:

$$\begin{array}{l|r|}\text{I} & 2x - 4y = -32 \\ \text{II} & x = y - 4\end{array}$$

Umformen:

II	$x = y - 4$	$\mid \cdot (-2)$	I	$2x - 4y = -32$	$\mid + 4y$
	$-2x = -2y + 8$			$2x = 4y - 32$	

I + II
$-2x + 2x = -2y + 4y - 32 + 8$
$0 = 2y - 24 \quad \mid - 2y$
$-2y = -24 \quad \mid : (-2)$
$y = 12$

Einsetzen in II (oder I):
$x = 12 - 4$
$x = 8$

Probe:

I	$2 \cdot 8 - 4 \cdot 12 = -32$	II	$8 = 12 - 4$
	$-32 = -32$		$8 = 8$

$\mathbb{L} = \{8; 12\}$

b)

I: 3 Apfeltaschen = 3a, 6 Brezeln = 6b } = 10,80 €

II: 2 Apfeltaschen = 2a, 3 Brezeln = 3b } = 5,95 €

$$\begin{array}{l|l|}\text{I} & 3a + 6b = 10{,}80 \\ \text{II} & 2a + 3b = 5{,}95\end{array}$$

c) Die einfachste Lösung ergibt sich aus der Addition beider Variablen.
$x + y = 25$

Probe durch Einsetzen:
$10 + 15 = 25$
$25 = 25$

Aufgabe P7

a) $A_{Kreis} = \pi \cdot r^2$ $\qquad r = \frac{d}{2}$

$A_{Kreis} = \pi \cdot (16\ cm)^2$ $\qquad r = \frac{32\ cm}{2}$

$A_{Kreis} = 804{,}25\ cm^2$ $\qquad r = 16\ cm$

$A_{Dreieck} = \frac{g \cdot h}{2}$

$A_{Dreieck} = \frac{32\ cm \cdot 16\ cm}{2}$

$A_{Dreieck} = 256\ cm^2$

$A_{graue\ Fläche} = A_{Kreis} - A_{Dreieck}$

$= 804{,}25\ cm^2 - 256\ cm^2$

$A_{graue\ Fläche} = 548{,}25\ cm^2$

$\approx 548\ cm^2$

b) Berechnung mit dem **Satz des Pythagoras**:

$\overline{AC}^2 = \overline{AM}^2 + \overline{MC}^2$ oder $\overline{AC}^2 = \overline{BM}^2 + \overline{MC}^2$

$\overline{AC}^2 = (16\ cm)^2 + (16\ cm)^2$

$\overline{AC}^2 = 512\ cm^2 \quad | \sqrt{\ }$

$\overline{AC} = 22{,}63\ cm$

$\overline{AC} = 226{,}3\ mm$

1 cm = 10 mm

c) Begründung mit dem **Satz des Thales**:

Die Seite $\overline{AB}$ des Dreiecks ist gleichzeitig auch Durchmesser des Kreises.
So ergibt sich aus dem Satz des Thales:
Alle Winkel am Halbkreisbogen sind rechte Winkel.
Alle drei Winkel im Dreieck ergeben 180°.
Somit ist
$\alpha = (180° - 90°) : 2$
$\alpha = 45°$

Aufgabe P8

a) $V = a^3$
$V = (1{,}5\ cm)^3$
$V = 3{,}375\ cm^3$

$m = 8{,}96\ \frac{g}{cm^3} \cdot 3{,}375\ cm^3$

$m = 30{,}24\ g$

b)
$$V_{\text{Würfel}} = 3{,}375\ \text{cm}^3$$
$$V_{\text{alle Würfel (Kugel)}} = 6 \cdot 3{,}375\ \text{cm}^3$$
$$V_{\text{Kugel}} = 20{,}25\ \text{cm}^3$$

$$V_{\text{Kugel}} = \frac{4}{3} \cdot \pi \cdot r^3$$
$$20{,}25\ \text{cm}^3 = \frac{4}{3} \cdot \pi \cdot r^3 \qquad | : \left(\frac{4}{3} \cdot \pi\right)$$
$$\frac{20{,}25 \cdot 3}{4\,\pi} = r^3 \qquad | \sqrt[3]{}$$
$$r = 1{,}690 \ldots \text{cm} \approx 1{,}7\ \text{cm} = 17\ \text{mm}$$

Wahlaufgaben

Aufgabe W1

a) 1. Das Dreieck ist gleichschenklig.
Also ist $\alpha = \beta$
Die Winkelsumme im Dreieck ist 180°.
$180° - \alpha - \beta = \gamma$
$180° - 70° - 70° = 40°$

2.

Skizze

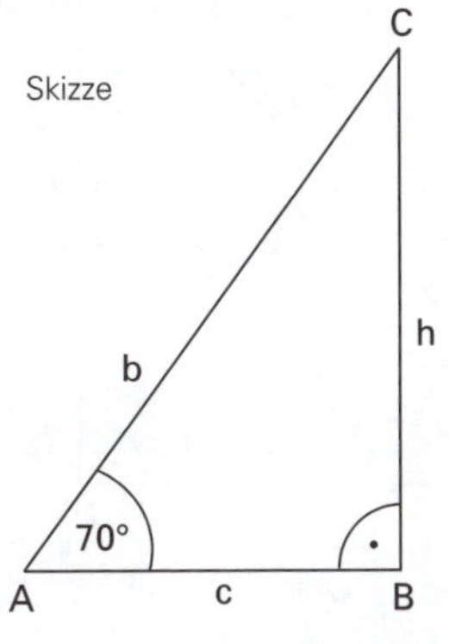

$$c = \frac{18{,}7\ \text{cm}}{2}$$
$$c = 9{,}35\ \text{cm}$$

$$\tan(\alpha) = \frac{\text{Gegenkathete}}{\text{Ankathete}}$$
$$\tan(\alpha) = \frac{h}{c}$$
$$\tan(70°) = \frac{h}{9{,}35\ \text{cm}} \qquad | \cdot 9{,}35\ \text{cm}$$
$$\tan(70°) \cdot 9{,}35\ \text{cm} = h$$
$$h = 25{,}688\ \text{cm} \approx 25{,}7\ \text{cm} = 257\ \text{mm}$$

b)

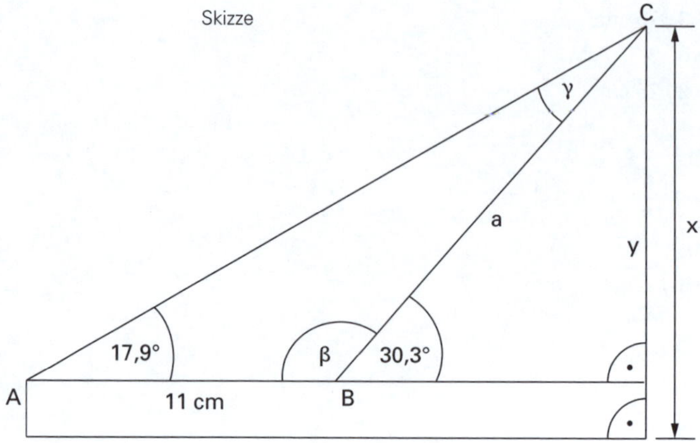

β = Nebenwinkel
180° – 30,3° = 149,7°

γ = 180° – 17,9° – 149,7°
γ = 12,4°

Verwendung des **Sinussatz**:

$$\frac{a}{\sin(\alpha)} = \frac{c}{\sin(\gamma)}$$

$$\frac{a}{\sin(17{,}9°)} = \frac{11\text{ cm}}{\sin(12{,}4°)} \qquad |\cdot \sin(17{,}9°)$$

$$a = \frac{11\text{ cm}}{\sin(12{,}4°)} \cdot \sin(17{,}9°)$$

$$a = 15{,}74\text{ cm}$$

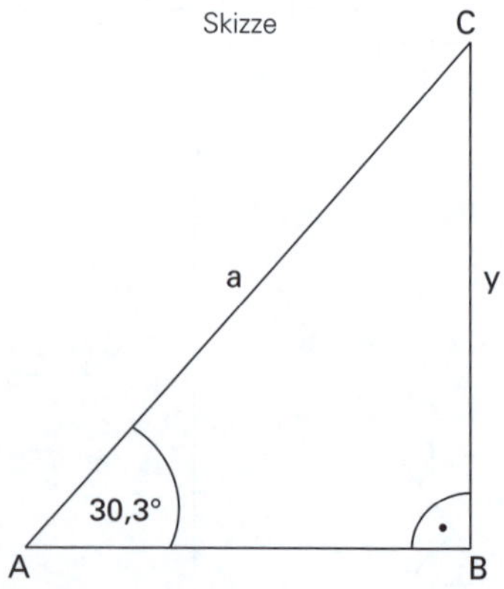

$$\sin(\alpha) = \frac{\text{Gegenkathete}}{\text{Hypotenuse}}$$

$$\sin(\alpha) = \frac{y}{a}$$

$$\sin(30{,}3°) = \frac{y}{15{,}74\text{ cm}} \qquad |\cdot 15{,}74\text{ cm}$$

$$\sin(30{,}3°) \cdot 15{,}74\text{ cm} = y$$

$$y = 7{,}94\text{ cm}$$

x = y + 1,7 cm
x = 7,94 cm + 1,7 cm
x = 9,64 cm
x ≈ 9,6 cm
x = 96 mm

Aufgabe W2

a) Ahornholz

1. $A = 4 \cdot x^2 + 560\,\text{cm} \cdot x$
   $x = 12\,\text{cm}$
   $A = 4 \cdot (12\,\text{cm})^2 + 560\,\text{cm} \cdot 12\,\text{cm}$
   $A = 7296\,\text{cm}^2$

2. $4 \cdot x^2$
   Mit x^2 wird der Flächeninhalt eines Quadrats berechnet.
   An den Ecken der Tischplatte befinden sich 4 Quadrate.
   Für diese ergibt sich $4x^2$.

3. $A_{Nussholz} = a \cdot b$
   $A_{Nussholz} = 160\,\text{cm} \cdot 120\,\text{cm}$
   $A_{Nussholz} = 19\,200\,\text{cm}^2$

   $A_{Ahornholz} = 4 \cdot x^2 + 560\,\text{cm} \cdot x$
   $x = 28{,}5\,\text{cm}$
   $A_{Ahornholz} = 4 \cdot (28{,}5\,\text{cm})^2 + 560\,\text{cm} \cdot 28{,}5\,\text{cm}$
   $A_{Ahornholz} = 19\,209\,\text{cm}^2$

b) $A_{Gesamtfläche} = 4 \cdot x^2 + 560 \cdot x + 19\,200$
$A_{Gesamtfläche} = 32\,000\,\text{cm}^2$

$4 \cdot x^2 + 560 \cdot x + 19\,200 = 32\,000 \quad | -32\,000$
$4 \cdot x^2 + 560 \cdot x - 12\,800 = 0 \quad | : 4$
$x^2 + 140 \cdot x - 3200 = 0$

Verwendung der **p/q-Formel**:

$$x_{1/2} = -\frac{p}{2} \pm \sqrt{\left(\frac{p}{2}\right)^2 - q}$$

$$x^2 \underbrace{+\,140}_{p}x \underbrace{-\,3200}_{q} = 0$$

Einsetzen:

$$x_{1/2} = -\frac{140}{2} \pm \sqrt{\left(\frac{140}{2}\right)^2 + 3200}$$

$$x_{1/2} = -70 \pm \sqrt{8100}$$

$$x_{1/2} = -70 \pm 90$$

$(x_1 = -70 - 90 = -160)$
$x_2 = -70 + 90 = 20$

Die gesuchte Länge beträgt 20 cm.

c) Die Quadrate berechnen sich weiterhin mit $4 \cdot x^2$.

Nussholzplatte a = 160 cm
160 cm + 160 cm + 160 cm + 160 cm = 640 cm
$640 \text{ cm} \cdot x$
Somit ergibt sich für den Flächeninhalt:
$A = 4 \cdot x^2 + 640 \text{ cm} \cdot x$

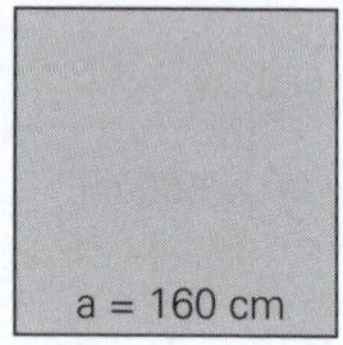

Aufgabe W3

a) 1. Spannweite $R = x_{max} - x_{min}$
$x_{max} = 221$
$x_{min} = 102$

$R = 221 - 102$
$R = 119$

2. Rangliste: 102, 152, 164, 186, 207, 221

Median: $\tilde{x} = \frac{164 + 186}{2}$

$\tilde{x} = 175$

3. Arithmetisches Mittel (Durchschnitt):

$\bar{x} = \frac{102 + 152 + 164 + 186 + 207 + 221}{6}$

$\bar{x} = \frac{1032}{6}$

$\bar{x} = 172$

4. 7 Tage die Woche · 200 Aufrufe = 1400
1400 – (102 + 152 + 164 + 186 + 207 + 221) = 368

Am Samstag müsste es 368 Seitenaufrufe geben.

b) 1.

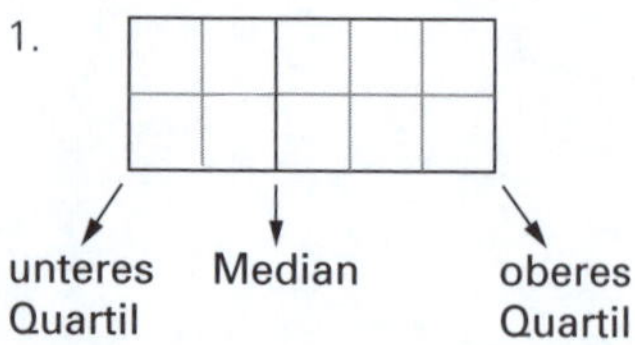

Median: 200
unteres Quartil: 150
oberes Quartil: 275

2. Dadurch, dass der Median bei 200 liegt und nicht bei 250, hat Tom mit seiner Behauptung nicht recht.

Aufgabe W4

a) 1. $2 \cdot (40\ \text{cm} + 30\ \text{cm}) = 140\ \text{cm}$
$2 \cdot (30\ \text{cm} + 25\ \text{cm}) = +\ 110\ \text{cm}$
$\overline{250\ \text{cm}}$

$66\ \text{m} = 6600\ \text{cm}$
$6600\ \text{cm} : 250\ \text{cm} = 26{,}4 \approx 26$

Es können höchstens 26 Pakete verschlossen werden.

2. $5\ \text{cm} = 0{,}05\ \text{m}$
$A_{\text{Klebeband}} = a \cdot b$
$A_{\text{Klebeband}} = 0{,}05\ \text{m} \cdot 66\ \text{m}$
$A_{\text{Klebeband}} = 3{,}3\ \text{m}^2$

Eine Klebebandrolle würde nicht ausreichen.

b) Lagendicke: 10 mm
Dicke einer Lage: 0,04 mm
Anzahl aller Lagen: 10 mm : 0,04 mm = 250 Lagen

Umfang der inneren Rolle (Modellierung Kreis)
$r = 4{,}5\ \text{cm}$
$u = 2 \cdot \pi \cdot r$
$u = 2 \cdot \pi \cdot 4{,}5\ \text{cm}$
$u = 28{,}27\ \text{cm}$

Berechnung der Länge des Klebebands:
$28{,}27\ \text{cm} \cdot 250 = 7067{,}5\ \text{cm} \approx 71\ \text{m}$

Aufgabe W5

a) $P(T) = \frac{\text{Anzahl T}}{\text{Anzahl aller Buchstaben}}$

$P(T) = \frac{1}{10} = 0{,}1 = 10\ \%$

b) $P(\text{kein A}) = \frac{\text{kein A}}{\text{Anzahl aller Buchstaben}}$

$P(\text{kein A}) = \frac{6}{10} = \frac{3}{5} = 0{,}6 = 60\ \%$

c) $P(\text{OO I AA I MM}) = \frac{2}{10} \cdot \frac{1}{9} + \frac{4}{10} \cdot \frac{3}{9} + \frac{3}{10} \cdot \frac{2}{9}$

$P(\text{OO I AA I MM}) = \frac{20}{90} = \frac{2}{9} = 0{,}222\ \ldots = 22{,}2\ \%$

d) 1. $P(TOM) = \frac{1}{10} \cdot \frac{2}{9} \cdot \frac{3}{8}$

$P(TOM) = \frac{6}{720} = \frac{1}{120} = 0{,}0083 = 0{,}83\ \%$

2. Ist die Reihenfolge beliebig, so gibt es 5 weitere Möglichkeiten.
Für den Namen „TOM" gibt es nur eine Möglichkeit.

e) Berechnung der Fakultät:
$4! = 1 \cdot 2 \cdot 3 \cdot 4 = 24$ Möglichkeiten

Pflichtaufgaben

Aufgabe P1

a) $3{,}50\ € + 78\ ct$ $\quad 78\ ct = 0{,}78\ €$
$= 4{,}28\ € = 428\ ct$

NR:
$3{,}50\ €$
$+ 0{,}78\ €$
1
$4{,}28\ €$

b) $1\frac{1}{4}\ kg - 750\ g$ $\quad 1\frac{1}{4}\ kg = 1250\ g$

$1250\ g - 750\ g = 500\ g = 0{,}5\ kg$

c) $\frac{3}{4}\ h + 30\ min$ $\quad \frac{3}{4}\ h = 45\ min$

$45\ min + 30\ min = 75\ min = 1\frac{1}{4}\ h$

d) $\frac{3}{5}$ von $17\ km = \frac{3 \cdot 17}{5} = \frac{51}{5} = 10{,}2\ km$

Aufgabe P2

a)
$6 \cdot (x + 5) = 2x + 18$ $\quad$ I auflösen
$6x + 30 = 2x + 18$ $\quad$ I $-2x$
$4x + 30 = 18$ $\quad$ I -30
$4x = -12$ $\quad$ I $:4$
$x = -3$

b)
$\sqrt{x} + 0{,}4 = 2{,}4$ $\quad$ I $-0{,}4$
$\sqrt{x} = 2$ $\quad$ I $(\ )^2$
$x = 4$

c)
$$\begin{array}{l|l|} \text{I} & 2x - 8y = -89 \\ \text{II} & 4x + 8y = 110 \end{array}$$

Umformen:
I $\quad 2x - 8y = -89 \ \Rightarrow\ 2x = 8y - 89$

II $\quad 4x + 8y = 110$ $\quad$ I $:2$
$2x + 4y = 55 \ \Rightarrow\ 2x = -4y + 55$

Gleichsetzungsverfahren:

$8y - 89 = -4y + 55$ $\quad$ I $+4y$
$12y - 89 = 55$ $\quad$ I $+89$
$12y = 144$ $\quad$ I $:12$
$y = 12$

Einsetzen in II (oder I):
$4x + 8 \cdot 12 = 110$
$4x + 96 = 110$ $\quad$ I -96
$4x = 14$ $\quad$ I $:4$
$x = 3{,}5$ $\quad \mathbb{L} = \{3{,}5;\ 12\}$

oder

Einsetzungsverfahren:

Umformen:

II $4x + 8y = 110 \quad | : 2$

$2x + 4y = 55 \Rightarrow 2x = -4y + 55$

II in I

$-4y + 55 - 8y = -89$

$-12y + 55 = -89 \quad | - 55$

$-12y = -144 \quad | : (-12)$

$y = 12$

Einsetzen in II (oder I):

$4x + 8 \cdot 12 = 110$

$4x + 96 = 110 \quad | - 96$

$4x = 14 \quad | : 4$

$x = 3{,}5$

$\mathbb{L} = \{3{,}5; 12\}$

oder

Additionsverfahren:

$$\begin{array}{l|l|} \text{I} & 2x - 8y = -89 \\ \text{II} & 4x + 8y = 110 \end{array}$$

I + II

$2x - 8y + 4x + 8y = -89 + 110$

$6x = 21 \quad | : 6$

$x = 3{,}5$

Einsetzen in II (oder I)

$4 \cdot 3{,}5 + 8y = 110$

$14 + 8y = 110 \quad | - 14$

$8y = 96 \quad | : 8$

$y = 12$

$\mathbb{L} = \{3{,}5; 12\}$

Probe für alle 3 Verfahren:

I $(2 \cdot 3{,}5) - (8 \cdot 12) = -89$ II $(4 \cdot 3{,}5) + (8 \cdot 12) = 110$

$-89 = -89$ $110 = 110$

d) $y = 2x + 1$

Jedes Vielfache der Gleichung $y = 2x + 1$ ergibt unendlich viele Lösungen.

Beispiel: $2y = 4x + 2$

Aufgabe P3

a) 1. Berechnung mit dem **Dreisatz**:

: 100	25 Jugendliche ≙ 100 %	: 100
· 56	0,25 Jugendliche ≙ 1 %	· 56
	14 Mädchen ≙ 56 %	

oder

Berechnung mit der **Formel**:

$P = \frac{p\,\% \cdot G}{100}$

$P = \frac{56\,\% \cdot 25}{100}$

$P = 14$

Es sind 14 Mädchen.

2. Da $2 \cdot 28\,\% = 56\,\%$ sind, würde Laras Behauptung dann stimmen, wenn die Anzahl der Schüler/-innen in beiden Klassen gleich ist.

b) Berechnung mit dem **Dreisatz**:

25 Jugendliche ≙ 5 %	· 20
500 Jugendliche ≙ 100 %	

oder

Berechnung mit der **Formel**:

$G = \frac{P \cdot 100}{p\,\%}$

$G = \frac{25 \cdot 100}{5\,\%}$

$G = 500$

Die gesamte Schule hat 500 Schülerinnen und Schüler.

c) 1. 4 Schüler/-innen aus der 10a haben zwei Geschwister.

$\frac{4}{25} = 0{,}16 = 16\,\%$

16 % der Jugendlichen aus der 10a haben zwei Geschwister.

2. 360° ≙ 100 %
3,6° ≙ 1 %
25,2° ≙ 7 %

Die Winkelgröße ist nicht korrekt, da der Prozentsatz nicht in die Winkelgröße umgerechnet wurde.

Aufgabe P4

a) Modalwert:
Der Wert, der am häufigsten in der Urliste vorkommt, ist die 37.

b) Rangliste 35, 37, 37, 37, 38, 39, 40, 41, 41, 47
Median: Ermittle die beiden mittleren Werte und teile sie durch 2.

$$\text{Median } \tilde{x} = \frac{38 + 39}{2}$$

$$\tilde{x} = 38{,}5$$

c) Arithmetisches Mittel: Alle Werte addieren und durch die Gesamtanzahl teilen.

$$\bar{x} = \frac{35 + 3 \cdot 37 + 38 + 39 + 40 + 2 \cdot 41 + 47}{10}$$

$$\bar{x} = 39{,}2$$

Aufgabe P5

a) Berechnung der Nullstellen:

$$y = -0{,}5x + 2{,}5$$

$$0 = -0{,}5x + 2{,}5 \quad | + 0{,}5x$$

$$0{,}5x = 2{,}5 \quad | : 0{,}5$$

$$x = 5 \rightarrow \text{NS } (5 \mid 0)$$

Bdg.: y = 0

b) Q (79 | -36) liegt nicht auf der Geraden, denn durch Einsetzen erhält man:

$$y = -0{,}5x + 2{,}5$$

$$-36 = -0{,}5 \cdot 79 + 2{,}5$$

$$-36 \neq -37$$

c) Da die Steigungen der Geraden verschieden sind,
$m_1 = -0{,}5$ und $m_2 = 5$
schneiden sich die Geraden f und g.

Aufgabe P6

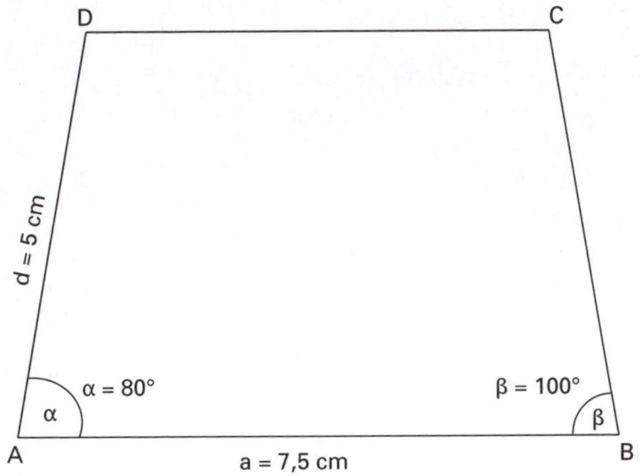

Aufgabe P7

a)

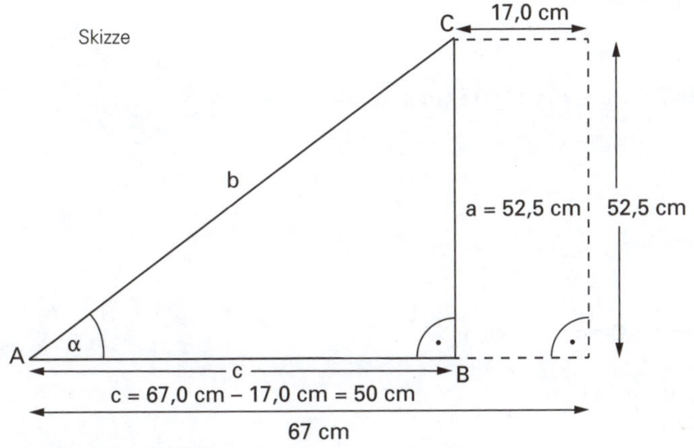

$c = 67{,}0\text{ cm} - 17{,}0\text{ cm} = 50\text{ cm}$

$\tan = \dfrac{\text{Gegenkathete}}{\text{Ankathete}}$

$\tan(\alpha) = \dfrac{a}{c}$

$\tan(\alpha) = \dfrac{52{,}5\text{ cm}}{50\text{ cm}}$

$\alpha = 46{,}4°$

b) $A_{Trapez} = \frac{a + c}{2} \cdot h$

$A_{Trapez} = \frac{67\text{ cm} + 17\text{ cm}}{2} \cdot 52{,}5\text{ cm}$

$A_{Trapez} = 2205\text{ cm}^2$

c) $u_{Trapez} = a + b + c + h$

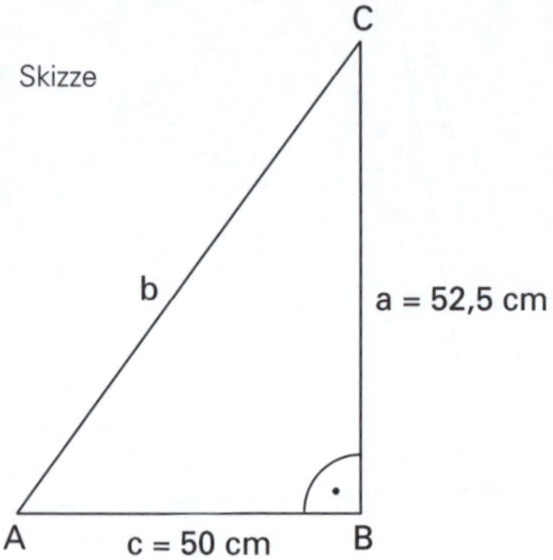

$b^2 = a^2 + c^2$
$b^2 = (52{,}5\text{ cm})^2 + (50\text{ cm})^2$
$b^2 = 5256{,}25\text{ cm}^2 \qquad | \sqrt{\ }$
$b = 72{,}5\text{ cm}$

$u_{Trapez} = 52{,}5\text{ cm} + 72{,}5\text{ cm} + 50\text{ cm} + 17\text{ cm} + 17\text{ cm}$
$u_{Trapez} = 209\text{ cm}$

Aufgabe P8

a) Angabe durch Abzählen:

$f = 7 \qquad e = 10 \qquad k = 15$

b) Das Werkstück zu einem Quader erweitern.

$V_{Quader} = a \cdot b \cdot c$
$V_{Quader} = 60\text{ cm} \cdot 120\text{ cm} \cdot 45\text{ cm}$
$V_{Quader} = 324\,000\text{ cm}^3$

Berechnung des Dreiecksprismas:

$V_{Prisma} = \frac{g \cdot h}{2} \cdot h_k$

$V_{Prisma} = \frac{60\text{ cm} \cdot 23\text{ cm}}{2} \cdot 120\text{ cm}$

$V_{Prisma} = 82\,800\text{ cm}^3$

$V_{Werkstück} = V_{Quader} - V_{Prisma}$

$V_{Werkstück} = 324\,000\text{ cm}^3 - 82\,800\text{ cm}^3$

$V_{Werkstück} = 241\,200\text{ cm}^3$

Wahlaufgaben

Aufgabe W1

a)

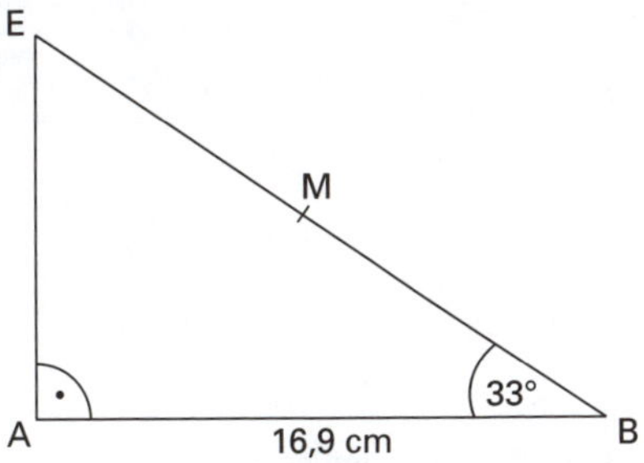

M = Mittelpunkt $\overline{BE}$

$$\cos(\beta) = \frac{\text{Ankathete}}{\text{Hypotenuse}}$$

$$\cos(33°) = \frac{16{,}9\text{ cm}}{\overline{BE}} \qquad | \cdot \overline{BE}$$

$$\cos(33°) \cdot \overline{BE} = 16{,}9\text{ cm} \qquad | : \cos(\beta)$$

$$\overline{BE} = \frac{16{,}9\text{ cm}}{\cos(33°)}$$

$$\overline{BE} = 20{,}15\text{ cm}$$

$$\overline{BM} = \frac{\overline{BE}}{2}$$

$$\overline{BM} = \frac{20{,}15\text{ cm}}{2}$$

$$\overline{BM} = 10{,}075\text{ cm}$$

$$\overline{BM} \approx 10{,}1\text{ cm}$$

b)

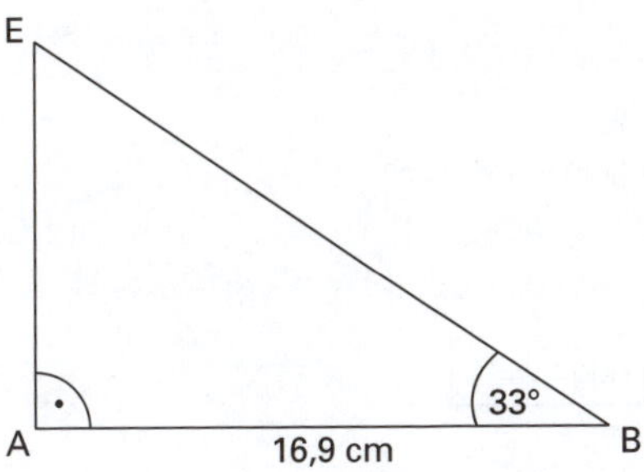

$$\tan(\beta) = \frac{\text{Gegenkathete}}{\text{Ankathete}}$$

$$\tan(33°) = \frac{\overline{AE}}{16{,}9\text{ cm}} \qquad | \cdot 16{,}9\text{ cm}$$

$$\tan(33°) \cdot 16{,}9\text{ cm} = \overline{AE}$$

$$\overline{AE} = 10{,}974\text{ cm}$$

$\gamma = 180° - 30° - 90° - 33°$
$\gamma = 27°$

Berechnung mit dem **Sinussatz**:

$$\frac{\overline{CE}}{\sin(30°)} = \frac{\overline{AE}}{\sin(27°)} \qquad | \cdot \sin(30°)$$

$$\overline{CE} = \frac{\overline{AE}}{\sin(27°)} \cdot \sin(30°)$$

$$\overline{CE} = \frac{10{,}974\text{ cm}}{\sin(27°)} \cdot \sin(30°)$$

$$\overline{CE} = 12{,}087\text{ cm}$$

$$\overline{CE} \approx 12{,}1\text{ cm}$$

c) 1. Das Dreieck soll gleichschenklig werden. Da $\beta = 33°$ groß ist, muss auch $\alpha = 33°$ sein.

2. Wenn die Basis $\overline{AE}$ ist, dann ist $\alpha = 180° - 33° = 147°$

$147° : 2 = 73{,}5°$

Aufgabe W2

a) 1. $y = x^2 + 3x - 6{,}75$

Umformen in die **Scheitelpunktform**:

$y = (x + 1{,}5)^2 - 9$

S (-1,5 | -9)

2. Einsetzen von x = -7 in die Funktionsgleichung.
$y = x^2 + 3x - 6{,}75$
$y = (-7)^2 + 3 \cdot (-7) - 6{,}75$
$y = 21{,}25$

P (-7 | 21,25)

3. Eine Parabel ist symmetrisch im Scheitelpunkt.
Da A (0,5 | -5) ist, kann der andere x-Wert abgelesen werden.
x = -3,5
B (-3,5 | -5)

4. Berechnung der Nullstellen:

$x^2 + 3x - 6{,}75 = 0$ 　　Bdg.: y = 0

Verwendung der **p/q-Formel**:

$$x_{1/2} = -\frac{p}{2} \pm \sqrt{\left(\frac{p}{2}\right)^2 - q}$$

$$x_{1/2} = -\frac{3}{2} \pm \sqrt{\left(\frac{3}{2}\right)^2 + 6{,}75}$$

$$x_{1/2} = -\frac{3}{2} \pm 3$$

$x_1 = -\frac{3}{2} + 3 \qquad x_2 = -\frac{3}{2} - 3$

$x_1 = 1{,}5 \qquad x_2 = -4{,}5$

→ NS_1 (1,5 I 0) NS_2 (-4,5 I 0)

b) 1. Dies erkennt man an der Gleichung, die in der Scheitelpunktform angegeben ist.

$y = -(x + 2)^2 - 3$

- $-$ → Die Parabel ist nach unten geöffnet.
- -3 → Der Scheitelpunkt liegt unterhalb der x-Achse.

2. $y = -(x + 2)^2 - 3$

Änderung der Vorzeichen ergibt die gespiegelte Parabel.
$y = (x + 2)^2 + 3$

Aufgabe W3

a) 1. 0 Stunden ≙ 200 Bakterien
1 Stunde ≙ 300 Bakterien

$\frac{300}{200} = 1{,}5 = 150\ \%$

Stündlich wächst die Anzahl um 50 %.

2. 3 ≙ 675
(· 1,5) → 4 ≙ 1012,5
(· 1,5) → 5 ≙ 1518,75

In 5 Stunden beträgt die Anzahl der Bakterien 1518,75.

3. $200 \cdot 1{,}5^x$ → x: Anzahl der Stunden

- 200 → Anzahl bei 0 Stunden
- 1,5 → Wachstum

4. Einsetzen in den Term des Wachstums: → Lösung durch Versuch

$200 \cdot 1{,}5^{10} = 11\ 533$

Nach 10 Stunden sind erstmalig mehr als 10 000 Bakterien vorhanden.

5. Graph C
Die Anzahl der Bakterien beginnt bei 200 und steigt exponentiell.

b) 1. Lineares Wachstum:
 9:00 Uhr ≙ 60 Bakterien
 10:00 Uhr ≙ 120 Bakterien
 11:00 Uhr ≙ 180 Bakterien
 12:00 Uhr ≙ 240 Bakterien

2. Exponentielles Wachstum:
 9:00 Uhr ≙ 60 Bakterien
 10:00 Uhr ≙ 120 Bakterien
 11:00 Uhr ≙ 240 Bakterien
 12:00 Uhr ≙ 480 Bakterien

Aufgabe W4

a) Golfball (Kugel)
$d = 43\ \text{mm}$

$O_{Kugel} = 4 \cdot \pi \cdot \left(\frac{d}{2}\right)^2$

$O_{Kugel} = 4 \cdot \pi \cdot \left(\frac{43\ \text{mm}}{2}\right)^2$

$O_{Kugel} = 5808{,}804\ldots\ \text{mm}^2$

Delle (Kreis)
$d = 4{,}5\ \text{mm}$

$A_{Kreis} = \pi \cdot \left(\frac{d}{2}\right)^2$

$A_{Kreis} = \pi \cdot \left(\frac{4{,}5\ \text{mm}}{2}\right)^2$

$A_{Kreis} = 15{,}904\ldots\ \text{mm}^2$

Behauptung 380 Dimples (Dellen):

$380 \cdot 15{,}904\ldots\ \text{mm}^2 = 6043{,}\ 638\ldots\ \text{mm}^2$
$6043{,}638\ldots\ \text{mm}^2 > 5808{,}804\ldots\ \text{mm}^2$

Somit stimmt die Behauptung aus dem Prospekt nicht.

b) 1. Annahme
$d = 100\ \text{cm} \Rightarrow r = 50\ \text{cm}$

Verwendung der **Volumenformel** einer Kugel:

$V_{Kugel} = \frac{4}{3} \cdot \pi \cdot r^3$

$V_{Kugel} = \frac{4}{3} \cdot \pi \cdot (50\ \text{cm})^3$

$V_{Kugel} = 523\,598{,}7756\ \text{cm}^3$

$1\ \text{cm}^3 \triangleq 2{,}8$ Gramm

$523\,598{,}7756\ \text{cm}^3 \triangleq 1\,466\,076{,}572\ \text{g}$
$1\,466\,076{,}572\ \text{g} \triangleq 1466{,}08\ \text{kg}$
$\approx 1466\ \text{kg}$

2. Bezug auf die Annahme aus b) 1. nehmen.
   Der Durchmesser der Marmorkugel ist ca. 22-mal größer als der Durchmesser des Golfballs.
   $1{,}80 \text{ m} \cdot 22 \approx 40 \text{ m}$

Aufgabe W5

a) 1. $P(\text{Eisgutschein}) = \frac{\text{Anzahl Eistüten}}{\text{Anzahl Felder}}$

   $P(\text{Eistüte}) = \frac{4}{10} = \frac{2}{5} = 0{,}4 = 40\ \%$

2. $P(\text{kein Eisgutschein}) = \frac{6}{10}$

   $P(3 \text{ x kein Eisgutschein}) = \frac{6}{10} \cdot \frac{6}{10} \cdot \frac{6}{10}$

   $= \frac{216}{1000} = \frac{27}{125} = 0{,}216 = 21{,}6\ \%$

3. Mindestens ein Eisgutschein.

   $P(\text{Eisgutschein}) = \frac{6}{10} \cdot \frac{4}{10} + \frac{4}{10} \cdot \frac{6}{10} + \frac{4}{10} \cdot \frac{4}{10}$

   Erklärung:

   $\frac{6}{10} \cdot \frac{4}{10}$ = kein Gutschein I Eisgutschein

   $\frac{4}{10} \cdot \frac{6}{10}$ = Eisgutschein I kein Gutschein

   $\frac{4}{10} \cdot \frac{4}{10}$ = Eisgutschein I Eisgutschein

   $P(\text{Eisgutschein}) = \frac{64}{100} = \frac{16}{25} = 0{,}64 = 64\ \%$

b) 1. Der höchste Gewinn ist der Eisbecher. Es können 3 € gewonnen werden.
   Dies entspricht dem 3-fachen des Einsatzes.

   Alex hat also nicht recht.

2. $P = \frac{1}{10} \cdot \frac{4}{10} = \frac{1}{25}$

   $P\frac{1}{10} \triangleq$ noch 1x

   $P\frac{4}{10} \triangleq$ Eisgutschein

3. Ohne das Feld „noch 1x“ beträgt die Gewinnchance:

   $P(\text{Gewinn}) = \frac{5}{10} = \frac{1}{2} = 0{,}5 = 50\ \%$

   Wenn man „noch 1x“ drehen darf, erhöht sich die Gewinnchance sogar.

   Frau Diener hat also recht.

Mathematik-Prüfung 2022

Pflichtaufgaben

Aufgabe P1

a) 55 cm + 7 mm
55 cm + 0,7 cm = 55,7 cm
oder
550 mm + 7 mm = 557 mm

1 cm = 10 mm

b) 7,8 kg + 225 g
7800 g + 225 g = 8025 g
oder
7,8 kg + 0,225 kg = 8,025 kg

1 kg = 1000 g

c) $1\frac{1}{2}$ h + 3 min
90 min + 3 min = 93 min
oder
1 h 33 min

1 h = 60 min

d) 1. $\frac{3}{7}$ von 42 l

$42\,l \xrightarrow{:7} 6\,l \xrightarrow{\cdot 3} 18\,l$

2. $\frac{2}{3}$ sind 600 m

$600\,m \xrightarrow{:2} 300\,m \xrightarrow{\cdot 3} 900\,m$

Aufgabe P2

a) Berechnung mit dem **Dreisatz**:

: 100	4220 ≙ 100 %		: 100
	42,2 ≙ 1 %		
· 45	1899 ≙ 45 %		· 45

4220 – 1899 = 2321
oder
Berechnung mit der **Formel**:

$W = \frac{p\,\% \cdot G}{100}$

$W = \frac{45\,\% \cdot 4220}{100}$

W = 1899

4220 – 1899 = 2321

Es waren 2321 Jungen, die 2021 in Waldstadt geboren wurden.

b) Berechnung mit dem **Dreisatz**:

	$4220 \triangleq 100\ \%$	
: 4220		: 4220
	$1 \triangleq 0{,}023\ \ldots$	
· 2276		· 2276
	$2276 \triangleq 53{,}93\ \ldots$	

$\approx 53{,}9\ \%$

oder

Berechnung mit der **Formel**:

$p\ \% = \frac{W \cdot 100}{G}$

$p\ \% = \frac{2276 \cdot 100}{4220}$

$p\ \% = 53{,}93\ \ldots\ \%$

$p\ \% \approx 53{,}9\ \%$

Etwa 53,9 % der im Jahr 2021 geborenen Kinder erhielten nur einen einzigen Vornamen.

c) Berechnung mit dem **Dreisatz**:

	$4220 \triangleq 105{,}5\ \%$	
: 105,5		: 105,5
	$40 \triangleq 1\ \%$	
· 100		· 100
	$4000 \triangleq 100\ \%$	

oder

Berechnung mit der **Formel**:

$G = \frac{W \cdot 100}{p\ \%}$

$G = \frac{4220 \cdot 100}{105{,}5\ \%}$

$G = 4000$

Im Jahr 2020 waren es 4000 Mädchen und Jungen.

Aufgabe P3

a) $3 \cdot (x + 5) - 8x$
$3x + 15 - 8x$
$-5x + 15$

b) $u_{Rechteck} = 2a + 2 \cdot b$
$20\ cm = 2 \cdot a + 2 \cdot b$
$20\ cm = 2 \cdot (a + b)$

a = 4 cm kürzer als b
$a = b - 4$

c) $\begin{array}{l|l|} \text{I} & y = 4x + 6 \\ \text{II} & y = 3x - 2 \end{array}$

Gleichsetzungsverfahren:

$4x + 6 = 3x - 2 \quad | -3x$

$x + 6 = -2 \quad | -6$

$x = -8$

Einsetzen in I (oder II):

$y = 4 \cdot (-8) + 6$

$y = -26$

$\mathbb{L} = \{-8; -26\}$

oder

Das **Einsetzungsverfahren** würde gleich ablaufen. Setze II in I ein.

oder

Additionsverfahren:

Umformen:

I $\quad y = 4x + 6 \quad | \cdot (-1)$

$-y = -4x - 6$

II $\quad y = 3x - 2$

I + II

$y - y = -4x - 6 + 3x - 2$

$0 = -x - 8 \quad | + x$

$x = -8$

Einsetzen in I (oder II):

$y = 4 \cdot (-8) + 6$

$y = -26$

$\mathbb{L} = \{-8; -26\}$

Probe für alle 3 Verfahren:

I $\quad -26 = 4 \cdot (-8) + 6$
$-26 = -26$

II $\quad -26 = 3 \cdot (-8) - 2$
$-26 = -26$

d) $\left| \begin{array}{l} y = 4x + 6 \\ y = mx + n \end{array} \right|$

$m = 4$

$n \neq 6$ (beliebige Zahl außer 6 möglich)

Aufgabe P4

a) Rangliste: 2,7; 2,8; 2,9; 3,3; 3,4; 3,9; 3,9; 4,0; 4,2; 4,3

b) Spannweite: Abstand zwischen dem kleinsten und dem größten Messwert.
Spannweite = 4,3 kg – 2,7 kg
= 1,6 kg

c) Arithmetisches Mittel: $\frac{\text{Alle Werte addieren}}{\text{Gesamtanzahl}}$

$$\overline{x} = \frac{2{,}7\text{ kg} + 2{,}8\text{ kg} + 2{,}9\text{ kg} + 3{,}3\text{ kg} + 3{,}4\text{ kg} + 3{,}9\text{ kg} + 3{,}9\text{ kg} + 4{,}0\text{ kg} + 4{,}2\text{ kg} + 4{,}3\text{ kg}}{10}$$

$$\overline{x} = \frac{35{,}4\text{ kg}}{10}$$

$$\overline{x} = 3{,}54\text{ kg}$$

d) 1. Median: Ermittle die beiden mittleren Werte und teile sie durch 2.

$$\tilde{x} = \frac{3{,}4\text{ kg} + 3{,}9\text{ kg}}{2}$$

$$\tilde{x} = 3{,}65\text{ kg}$$

2. C

Der Zentralwert bleibt gleich, da die beiden mittleren Werte gleich bleiben.

Aufgabe P5

a) Berechnung der Nullstelle:

Bdg.: y = 0

$$y = -0{,}5x + 3$$

$$0 = -0{,}5x + 3 \qquad | + 0{,}5x$$

$$0{,}5x = 3 \qquad | : 0{,}5$$

$$x = 6$$

b) P (12 I y)

Punkt in die Gleichung einsetzen.

$y = -0{,}5 \cdot 12 + 3$

$y = -3$

c) Da die Gerade parallel verlaufen soll, bleibt die Steigung gleich.

$m = -0{,}5$

Durch den Punkt R (0 I -1,5) kann der y-Achsenabschnitt abgelesen werden.

$b = -1{,}5$

Somit lautet die Gleichung der Geraden h:

$y = -0{,}5x - 1{,}5$

Aufgabe P6

a)

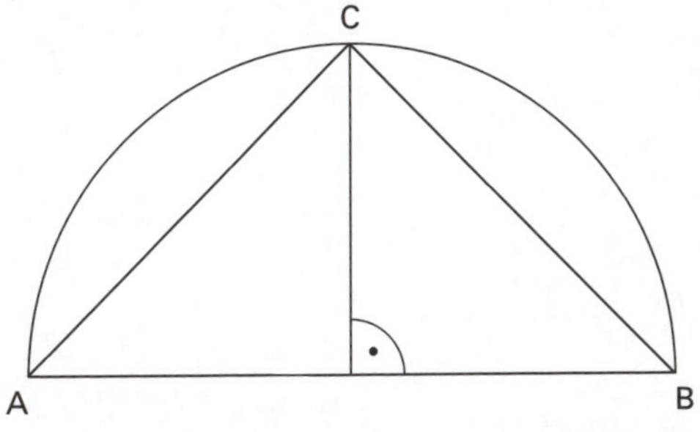

b) $\beta = 35°$, da Stufenwinkel zum 35°-Winkel
$\delta + 35° = 180°$, da gestreckter Winkel $\delta = 180° - 35° = 145°$

Winkelsummensatz im Dreieck:

$$\alpha + \beta + \gamma = 180°$$
$$180° - \alpha - \beta = \gamma$$
$$180° - 60° - 35° = \gamma$$
$$\gamma = 85°$$

Aufgabe P7

a) $A_{Drachen} = \frac{e \cdot f}{2}$ $\qquad$ $e = 60\text{ cm};\ f = 40\text{ cm}$

$$= \frac{60\text{ cm} \cdot 40\text{ cm}}{2}$$
$$= \frac{2400\text{ cm}^2}{2}$$
$$= 1200\text{ cm}^2$$

b) Skizze

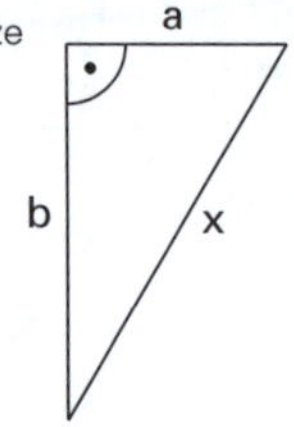

$a = \frac{f}{2} = 20\text{ cm}$

$b = 60\text{ cm} - 12\text{ cm}$

$b = 48\text{ cm}$

Anwendung des **Pythagoras**:

$$x^2 = a^2 + b^2$$
$$x^2 = (20\text{ cm})^2 + (48\text{ cm})^2$$
$$x^2 = 400\text{ cm}^2 + 2304\text{ cm}^2$$
$$x^2 = 2704\text{ cm}^2 \qquad |\sqrt{\ }$$
$$x = 52\text{ cm}$$

c) A, C

Aufgabe P8

$$V_{\text{großer Würfel}} = a \cdot a \cdot a = a^3$$
$$= (8\ \text{cm})^3 \qquad a = 8\ \text{cm}$$
$$= 512\ \text{cm}^3$$

$$V_{\text{Zylinder}} = \pi \cdot r^2 \cdot h_k \qquad r = \frac{d}{2};\ r = 4\ \text{cm};\ h_k = 8\ \text{cm}$$
$$= \pi \cdot (4\ \text{cm})^2 \cdot 8\ \text{cm}$$
$$= \pi \cdot 16\ \text{cm}^2 \cdot 8\ \text{cm}$$
$$= 402{,}123\ldots\ \text{cm}^3$$

$$V_{\text{kleiner Würfel}} = V_{\text{großer Würfel}} - V_{\text{Zylinder}}$$
$$= 512\ \text{cm}^3 - 402{,}123\ldots\ \text{cm}^3$$
$$= 109{,}876\ldots\ \text{cm}^3$$

$$V_{\text{kleiner Würfel}} = 109{,}876\ldots\ \text{cm}^3 = a^3$$
$$a = \sqrt[3]{109{,}876\ldots\ \text{cm}^3}$$
$$a = 4{,}789\ldots\ \text{cm}$$
$$a \approx 4{,}8\ \text{cm}$$

Wahlteil A

Aufgabe W1

a)

$$\cos(\varepsilon) = \frac{\text{Ankathete}}{\text{Hypotenuse}}$$
$$\cos(\varepsilon) = \frac{\overline{DE}}{\overline{AE}}$$
$$\cos(70°) = \frac{24\ \text{cm}}{\overline{AE}} \qquad | \cdot \overline{AE}$$
$$\cos(70°) = \overline{AE} - 24\ \text{cm} \qquad | \cos(70°)$$
$$\overline{AE} = \frac{24\ \text{cm}}{\cos(70°)}$$
$$\overline{AE} = 70{,}1713\ldots\ \text{cm}$$
$$\overline{AE} \approx 70\ \text{cm}$$

b)

$$A_{\text{Trapez}} = \frac{a + c}{2} \cdot h$$
$$A_{\text{Trapez}} = \frac{\overline{AB} + \overline{CD}}{2} \cdot \overline{AD}$$
$$\overline{AB} = 52\ \text{cm}$$
$$\overline{CD} = \overline{DE} + \overline{EC} = 24\ \text{cm} + 52\ \text{cm} = 76\ \text{cm}$$
$$\tan(\varepsilon) = \frac{\text{Gegenkathete}}{\text{Ankathete}}$$
$$\tan(70°) = \frac{\overline{AD}}{24\ \text{cm}} \qquad | \cdot 24\ \text{cm}$$
$$\overline{AD} = \tan(70°) \cdot 24\ \text{cm}$$
$$\overline{AD} = 65{,}939\ldots\ \text{cm}$$

$A_{Trapez} = \frac{52\text{ cm} + 76\text{ cm}}{2} \cdot 65{,}939\ldots\text{ cm}$

$A_{Trapez} = 4220{,}125\ldots\text{ cm}^2$

$\approx 4220\text{ cm}^2$

c) Berechnung mit dem **Sinussatz**:

$\frac{\overline{BE}}{\sin(70°)} = \frac{52\text{ cm}}{\sin(43°)}$ | $\cdot \sin(70°)$ — $\varepsilon = 70°$ ist ein Wechselwinkel

$\overline{BE} = \frac{52\text{ cm} \cdot \sin(70°)}{\sin(43°)}$

$\overline{BE} = 71{,}64829\text{ cm}$

$\overline{BE} = 71{,}6\text{ cm}$

d) Die Innenwinkel des Dreiecks BCE sind alle unterschiedlich groß.
Aus diesem Grund kann das Dreieck nicht gleichschenklig sein.

Aufgabe W2

a) 1. Genaues Ablesen:

$x_1 = -4$

$x_2 = 0$

2. $y = x^2 + 4x$

Scheitelpunktform $y = (x - d)^2 + e$

Quadratische Ergänzung:

$y = x^2 + 4x + \left(\frac{4}{2}\right)^2 - \left(\frac{4}{2}\right)^2$

$y = (x + 2)^2 - 4$

3. I $\quad y = x^2 + 4x$

II $\quad y = 2x + 15$

Gleichsetzen:

$x^2 + 4x = 2x + 15$ | $-2x$

$x^2 + 2x = 15$ | -15

$x^2 + 2x - 15 = 0$

Anwendung der **p/q-Formel**:

$x_{1/2} = -\frac{p}{2} \pm \sqrt{\left(\frac{p}{2}\right)^2 - q}$

$x_{1/2} = -\frac{2}{2} \pm \sqrt{\left(\frac{2}{2}\right)^2 + 15}$

$x_{1/2} = -1 \pm \sqrt{16}$

$x_{1/2} = -1 \pm 4$

$x_1 = -1 + 4 \qquad x_2 = -1 - 4$

$x_1 = 3 \qquad x_2 = -5$

b) Angabe in der **Scheitelpunktform**:

$y = a\,(x - d)^2 + e$

a ↓ Die Parabel ist nach unten geöffnet. Wegen „Normal" Parabel ist a = -1

d ↘ x-Wert liegt in der Mitte zwischen den Nullstellen, also bei -4. Durch Einzeichnen ergibt sich der y-Wert mit 1.

Es ergibt sich:

$a = -1; \quad d = -4; \quad e = 1$

Also $y = -(x + 4)^2 + 1$

Aufgabe W3

a) $P(\text{1 Fußballspiel}) = \dfrac{\text{1 Fußballspiel}}{\text{alle Lose}}$

$= \dfrac{1}{200} = 0{,}005 = 0{,}5\ \%$

b) 1. $P(\text{nur Nieten}) = \dfrac{180}{200} \cdot \dfrac{179}{199}$

$= \dfrac{1611}{1990} = 0{,}8095 \approx 81\ \%$

Es gibt 200 Lose. Davon gibt es 180 Nieten: $\dfrac{180}{200}$.

Beim zweiten Zug ergibt sich folgender Bruch:

$\dfrac{180 - 1\ \text{Niete}}{200 - 1\ \text{Los}} = \dfrac{179}{199}$

2. $P(\text{1 Los mit Gewinn}) = \dfrac{20}{200} \cdot \dfrac{180}{199} + \dfrac{180}{200} \cdot \dfrac{20}{199}$

$= \dfrac{36}{199} = 0{,}1809 \approx 18{,}1\ \%$

c) 181 Lose, da es 180 Nieten gibt.

d) Es wird zuerst 1 Los „Fußballtrikot" gezogen, anschließend eine Niete.

e) Gewinnchance $\dfrac{20}{200} = \dfrac{10}{100} = 10\ \%$

Es müssten 9 Nieten hinzu gelegt werden.

21 Gewinne
210 Lose insgesamt

Gewinnchance $\dfrac{21}{210} = \dfrac{10}{100} = 10\ \%$

Aufgabe W4

a) Berechnung mit dem **Dreisatz**:

$$\begin{aligned} &60\ \text{cm}^3 \mathrel{\hat{=}} 100\ \% \quad (:100) \\ &0{,}6\ \text{cm}^3 \mathrel{\hat{=}} 1\ \% \quad (\cdot 20) \\ &12\ \text{cm}^3 \mathrel{\hat{=}} 20\ \% \end{aligned}$$

$60\ \text{cm}^3 - 12\ \text{cm}^3 = 48\ \text{cm}^3$

b)

Zeit t in min	0	1	2	3	4	5
Volumen V in cm^3	60,0	48,0	38,4	30,7	24,6	19,7
			20 %	20 %	20 %	20 %

c) $V = V_0 \cdot q^t$

1. V_0 (wie in der Aufgabe angegeben) = $60\ \text{cm}^3$
   q = Wert nach der Abnahme 100 % – 20 % = 80 %
   also q = 0,8

2. $V = V_0 \cdot q^t$
   $V = 60\ \text{cm}^3 \cdot 0{,}8^7$
   $V = 12{,}582\ldots\ \text{cm}^3$
   $V \approx 12{,}6\ \text{cm}^3$

3. $V_{14} = 60\ \text{cm}^3 \cdot 0{,}8^{14}$
   $V_{14} \approx 2{,}64\ \text{cm}^3$

   $V_{15} = 60\ \text{cm}^3 \cdot 0{,}8^{15}$
   $V_{15} \approx 2{,}11\ \text{cm}^3$

   $V_{16} = 60\ \text{cm}^3 \cdot 0{,}8^{16}$
   $V_{16} \approx 1{,}69\ \text{cm}^3$

   Nach 16 Minuten beträgt das Volumen 1,69 cm^3.

d) C (proportionale Abnahme)

Aufgabe W5

a) $A_{Trapez} = \frac{(a + c)}{2} \cdot h$

$A_{Trapez} = \frac{(14{,}5\ \text{cm} + 6\ \text{cm})}{2} \cdot 12\ \text{cm}$

$A_{Trapez} = 123\ \text{cm}^2$

a = 14,5 cm
c = 6 cm
h = 12 cm

$V_{Prisma} = A_{Trapez} \cdot h_k$ $\qquad h_k = 10\ \text{cm}$

$V_{Prisma} = 123\ \text{cm}^2 \cdot 10\ \text{cm}$

$V_{Prisma} = 1230\ \text{cm}^3$

b) Anzahl bestimmen durch Abzählen:
$e = 8$; $k = 12$; $f = 6$

c) 1. Berechnung der fehlenden Seite:
Verwendung des **Pythagoras**:

Skizze

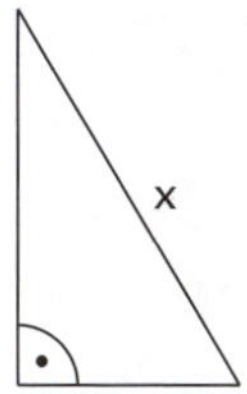

$x^2 = (12\text{ cm})^2 + (3{,}5\text{ cm})^2$
$x^2 = 144\text{ cm}^2 + 12{,}25\text{ cm}^2$
$x^2 = 156{,}25\text{ cm}^2 \quad | \sqrt{\ }$
$x = 12{,}5\text{ cm}$

$M = u \cdot h_k$
$M = (13\text{ cm} + 6\text{ cm} + 12{,}5\text{ cm} + 3{,}5\text{ cm} + 6\text{ cm} + 5\text{ cm}) \cdot 10\text{ cm}$
$M = 46\text{ cm} \cdot 10\text{ cm}$
$M = 460\text{ cm}^2$

2. Er würde 4-mal größer werden.

Wahlteil B

Lösungen W1, W2 und W3 siehe Wahlteil A

Aufgabe W4

a) 1. $11^{-8} \cdot 11^{12} = 11^{-8+12} = 11^4$

$a = 4$

2. $(7{,}5^4)^b = 7{,}5^8$
$(7{,}5^4)^2 = 7{,}5^{4 \cdot 2} = 7{,}5^8$

$b = 2$

3. $x^c : x^9 = x^{-6}$
$x^{c-9} = x^{-6}$
$x^{3-9} = x^{-6}$

$c = 3$

b) 1. $2^3 = 8$ oder
$8^1 = 8$

2. 25^{-1} oder
5^{-2}

c) $x^2 > x^3 \quad (x > 0) \quad 0 < x < 1$
zum Beispiel 0,4

d) 1. $7{,}5 \cdot 10^{25} \cdot 1{,}2 \cdot 10^{-17}$

$= 9 \cdot 10^{25} \cdot 10^{-17}$
$= 9 \cdot 10^{25 + (-17)}$
$= 9 \cdot 10^{8}$

2. 14,3 Milliarden
$= 1{,}43 \cdot 10^{10}$

e) Kugel $r = 7 \cdot 10^{8}$ m
1 m^3 Sonne wiegt 1408 kg

$V_{Kugel} = \frac{4}{3} \cdot \pi \cdot r^3$ Kugel = Sonne
$V_{Kugel} = \frac{4}{3} \cdot \pi \cdot (7 \cdot 10^{8}\ m)^3$
$V_{Kugel} = 1{,}436\ldots \cdot 10^{27}\ m^3$

$m_{Sonne} = 1{,}436\ldots \cdot 10^{27}\ m^3 \cdot 1408\ \frac{kg}{m^3}$
$m_{Sonne} = 2{,}022\ldots \cdot 10^{30}\ kg$
$m_{Sonne} \approx 2{,}02 \cdot 10^{30}\ kg$

Aufgabe W5

a) Modellierung als Zylinder:
$h_k = 14$ cm
$d = 6$ cm $\frac{d}{2} = r$ $\frac{6\ cm}{2} = 3\ cm = r$

$V = \pi \cdot r^2 \cdot h_k$
$V = \pi \cdot (3\ cm)^2 \cdot 14\ cm$
$V = 395{,}840\ldots\ cm^3$
$V \approx 395{,}84\ cm^3$

$m = V \cdot 0{,}9\ \frac{g}{cm^3}$
$m = 356{,}256\ldots\ g$
$m \approx 356{,}26\ g$

$t = 356{,}256\ldots\ g : 7{,}5\ \frac{g}{h}$
$t = 47{,}500\ldots\ h$
$t \approx 48\ h$

b) Um den Faktor 4.

c) $m = 100\ \text{h} \cdot 7{,}5\ \frac{\text{g}}{\text{h}} = 750\ \text{g}$

$V_{Kugel} = \dfrac{750\ \text{g}}{0{,}9\ \frac{\text{g}}{\text{cm}^3}} = 833{,}333\ldots\ \text{cm}^3$

$V_{Kugel} = \frac{4}{3} \cdot \pi \cdot r^3$

$833{,}333\ldots\ \text{cm}^3 = \frac{4}{3} \cdot \pi \cdot r^3 \qquad | : \left(\frac{4}{3} \cdot \pi\right)$

$\dfrac{833{,}333\ldots\ \text{cm}^3}{\frac{4}{3} \cdot \pi} = r^3$

$198{,}943\ldots\ \text{cm}^3 = r^3 \qquad | \sqrt[3]{\ }$

$r = 5{,}837\ldots\ \text{cm}$

$r \approx 6\ \text{cm}$

Ergebnisse auf einen Blick

Hier findest du schnell die richtigen Lösungen für die von dir bearbeiteten Aufgaben. Es sind nur die Endergebnisse ohne Lösungswege angegeben. Die ausführlichen Lösungswege sind auf den vorangegangenen Seiten dargestellt.

Lösungen 2020

Pflichtaufgaben – Seite 108

P1 a) -1 b) 1. z. B. 3,141 2. z. B. $\frac{2}{10}$
c) 1. 75 s 2. 125 ml 3. 0,065 kg

P2 a) 56 g b) 25 Stk. c) 1. 12 % 2. 14 %

P3 a) 130 317 b) 54 %

P4 a) 66,7 % b) 1. 23,8 % 2. 22,2 %

P5 a) 1. N (-6 I 0)
2. P liegt nicht auf der Geraden
3. S (1 I 3,5)
4. $y = -1x + 4{,}5$
b) siehe ausf. Lösung

P6 a) $\mathbb{L} = \{8; 12\}$ b) siehe ausf. Lösung
c) $x + y = 25$

P7 a) 548 cm^2 b) 226,3 mm
c) siehe ausf. Lösung

P8 a) m = 30,24 g b) r = 17 mm

Wahlaufgaben – Seite 115

W1 a) 1. 40° 2. h = 257 mm
b) x = 96 mm

W2 a) 1. 7296 cm^2 2. siehe ausf. Lösung
3. 19 200 cm^2; 19 209 cm^2
b) x = 20 cm c) $4 \cdot x^2 + 640\ cm \cdot x$

W3 a) 1. R = 119 2. $\tilde{x} = 175$ 3. $\tilde{x} = 172$
4. 368
b) 1. unteres Quartil: 150;
oberes Quartil: 275
2. siehe ausf. Lösung

W4 a) 1. 26 Pakete
2. A = 3,3 m^2, reichen nicht
b) 71 m

W5 a) 10 % b) 60 % c) 22,2 %
d) 1. 0,83 % 2. siehe ausf. Lösung
e) 24 Möglichkeiten

Lösungen 2021

Pflichtaufgaben – Seite 121

P1 a) 4,28 € = 428 ct b) 500 g = 0,5 kg
c) $1\frac{1}{4}$ h d) 10,2 km

P2 a) x = -3 b) x = 4 c) x = 3,5; y = 12
d) z. B. 2y = 4x + 2

P3 a) 1. 14 2. siehe ausf. Lösung
b) 500
c) 1. 16 % 2. siehe ausf. Lösung

P4 a) 37 b) $\tilde{x}$ = 38,5 c) $\bar{x}$ = 39,2

P5 a) x = 5
b) Punkt Q liegt nicht auf der Geraden.
c) siehe ausf. Lösung

P6 siehe ausf. Lösung

P7 a) $\alpha = 46{,}4°$ b) $A_{Trapez} = 2205\ cm^2$
c) u = 209 cm

P8 a) f = 7; e = 10; k = 15
b) $V = 241\ 200\ cm^3$

Wahlaufgaben – Seite 127

W1 a) $\overline{BM} \approx 10{,}1$ cm b) $\overline{CE} \approx 12{,}1$ cm
c) 73,5°

W2 a) 1. S (-1,5 I -9) 2. y = 21,25
3. x = -3,5 4. $x_1 = 1{,}5$; $x_2 = -4{,}5$
b) 1. siehe ausf. Lösung
2. $y = (x + 2)^2 + 3$

W3 a) 1. 50 % 2. 1518 Bakterien
3. $200 \cdot 1{,}5^x$ 4. 10 Stunden 5. C
b) 1. 240 2. 480

W4 a) Behauptung stimmt nicht.
b) 1. siehe ausf. Lösung
2. siehe ausf. Lösung

W5 a) 1. 40 %
2. 21,6 %
3. 64 %
b) 1. siehe ausf. Lösung
2. siehe ausf. Lösung
3. siehe ausf. Lösung

Lösungen 2022

Pflichtaufgaben – Seite 132

P1 a) 55,7 cm oder 557 mm
b) 8025 g oder 8,025 kg
c) 93 min oder 1 h 33 min
d) 1. 18 l 2. 900 m

P2 a) 2321 b) 53,9 % c) 4000

P3 a) $-5x + 15$ b) $2 \cdot (a + b) = 20$; $a = b - 4$
c) $x = -8$; $y = -26$ d) $m = 4$; $n \neq 6$

P4 a) siehe ausf. Lösung b) 1,6 kg
c) $\bar{x} = 3{,}54$ kg
d) 1. $\tilde{x} = 3{,}65$ kg 2. C

P5 a) $x = 6$ b) $y = -3$ c) $y = -0{,}5x - 1{,}5$

P6 a) siehe ausf. Lösung b) $\beta = 35°$, $\gamma = 85°$, $\delta = 145°$

P7 a) 1200 cm^2 b) $x = 52$ cm c) A, C

P8 $V = 109{,}876...$ cm^3, $a \approx 4{,}8$ cm

Wahlteil A – Seite 137

W1 a) $\overline{AE} \approx 70$ cm b) $A \approx 4220$ cm^2
c) $\overline{BE} = 71{,}6$ cm
d) siehe ausf.Lösung

W2 a) 1. $x_1 = -4$; $x_2 = 0$ 2. $y = (x + 2)^2 - 4$
3. $x_1 = 3$; $x_2 = -5$
b) $y = -(x + 4)^2 + 1$

W3 a) $P = \frac{1}{200}$
b) 1. $P = \frac{1611}{1990}$ 2. $P = \frac{36}{199}$
c) 181 Lose
d) siehe ausf. Lösung
e) 9 Nieten

W4 a) 48 cm^3 b) $a = 30{,}7$ cm^3; $b = 5$ min
c) 1. $V_0 = 60$ cm^3; $q = 0{,}8$
2. $V \approx 12{,}6$ cm^3 3. $V_{16} \approx 1{,}69$ cm^3
d) C

W5 a) $V = 1230$ cm^3 b) $e = 8$; $k = 12$; $f = 6$
c) 1. $M = 460$ cm^2 2. 4-mal größer

Wahlteil B – Seite 141

W1 a) $\overline{AE} = 70$ cm b) $A = 4220$ cm^2
c) $\overline{BE} = 71{,}6$ cm
d) siehe ausf. Lösung

W2 a) 1. $x_1 = -4$; $x_2 = 0$
2. $y = (x + 2)^2 - 4$
3. $x_1 = 3$; $x_2 = -5$
b) $y = -(x + 4)^2 + 1$

W3 a) $P = \frac{1}{200}$
b) 1. $P = \frac{1611}{1990}$
2. $P = \frac{36}{199}$
c) 181 Lose
d) siehe ausf. Lösung
e) 9 Nieten

W4 a) 1. $a = 4$ 2. $b = 2$ 3. $c = 3$
b) 1. 2^3 oder 8^1 2. 25^{-1} oder 5^{-2}
c) $0 < x < 1$
d) 1. $9 \cdot 10^8$ 2. $1{,}43 \cdot 10^{10}$
e) $m = 2{,}02 \cdot 10^{30}$ kg

W5 a) Individuelle Lösungen möglich
Die Zeit kann 14 bis 84 Stunden betragen.
b) Faktor 4
c) $r \approx 6$ cm

A. Listening Comprehension

1. Announcements

1. a) ☑ blue jeans and a green sweater.
   b) ☑ at the information desk.
2. a) ☑ 685.
   b) ☑ heavy snowfall.
3. a) ☑ aqua aerobic.
   b) ☑ outdoors.
4. a) ☑ lunchtime.
   b) ☑ www.publiclibrary.com.

2. Telephone Conversation

a) ☑ tomatoes and cheese
b) ☑ Italian sausage
c) ☑ an extra-large pizza with salami, mushrooms, onions and cheese
d) ☑ a tomato salad and a coke
e) ☑ £15.50
f) ☑ half an hour

3. Interview

1	2	3	4	5	6	7	8
c	e	i	b	a	g	d	f

B. Reading Comprehension

Text 1

1. Tick the correct box.

a) false
b) not in the text
c) true
d) not in the text
e) true
f) false

Text 2

1. Mark the correct answer.

1. C **2.** B **3.** A **4.** B

Text 3

1. Find the correct heading.

1	2	3	4	5	6
E	D	F	A	C	B

Text 4

1. **Mark the correct ending.**
   a) ☑ invaded England successfully.
   b) ☑ would be pointed at him.
   c) ☑ of the wardens.

2. **Complete the sentences.**
   a) … the famous White Tower.
   b) … there would be a public execution.
   c) … to two World Wars.

C. Use of Language

1. Mediation

1. Getting to Straßburg

Du [D]: Sie möchte heute nach Straßburg fahren und fragt nach der besten Verbindung.
Du [E]: Single or return?
Du [D]: Einfach. (Sie weiß noch nicht, wann sie zurückkommt.)
Du [E]: Okay, so you have two options: there is one connection where you would have to change only once, but it takes an hour longer and costs 98 Euro. With the other connection you'd change three times, but you'd still be there sooner and would only pay 85 Euro.
Du [D]: Dreimal umsteigen mit Gepäck ist ihr ein bisschen zu viel.
Du [E]: How much luggage do you have?
Du [D]: Sie hat einen mittelgroßen Koffer und den Rucksack. (Aber da sie Urlaub hat, stört sie die eine Stunde länger nicht und) es sind auch nur 13 Euro Unterschied. Sie nimmt also die Verbindung mit einmal umsteigen.
Du [E]: That's 98 Euro then.
Du [D]: Wann fährt der Zug ab?
Du [E]: It leaves in 30 minutes from platform 3.

2. Volunteering

a)
- (sie haben) kein(en) Platz mehr im Programm in London
- (sie bieten einen) Platz auf einer Schaffarm in Schottland (an)
- Schafe, Ziegen und Kühe sind zu versorgen
- Gartenarbeit und kleine Reparaturen gehören auch dazu
- Leben mit der Familie im Farmhaus
- Essen, Fahrrad und Werkzeug werden gestellt
- bald Bescheid geben

b)
- (friend) is very disappointed
- (friend) wants to stay in London not on Scottish sheep farm
- (friend) does not want to do stable/garden work
- wants to work with children
- wants to meet other volunteers from other countries
- if stay in London or other big city not possible, she will cancel

3. Malala – the youngest Nobel Peace Prize Winner

a) Malala hat zwei jüngere Brüder. Ihr Vater hat eine Schule geführt und Bildung war immer sehr wichtig in ihrer Familie.

b) Sie schrieb darüber wie die Taliban ihre Heimatstadt übernahmen. Darüber wie es war als Mädchen unter den Taliban in die Schule zu gehen. Über die Angst, die sie und die anderen Mädchen hatten, dass manche der Schule fernblieben oder ihre Uniform nicht mehr trugen, damit die Taliban nicht auf sie aufmerksam wurden.

c) Da ihre Identität als Blogschreiberin nicht geheim blieb, versuchten die Taliban sie zum Schweigen zu bringen. Sie kamen in den Schulbus und schossen ihr in den Kopf. Malala überlebte und wurde zur Behandlung nach England geflogen.

d) Nachdem sie international berühmt geworden war, nutzte Malala diese Berühmtheit um weiter für ihr Anliegen – die Schulbildung von Mädchen – zu kämpfen.

e) Im Dezember 2014 bekam Malala den Friedensnobelpreis und wurde damit die jüngste Preisträgerin dieser Auszeichnung.

4. The exchange student

Du [E]: She is pleased to meet you and you can call her Claudia.

Du [D]: Als Erstes möchte er sich dafür bedanken, dass er hier sein darf und dann möchte er gerne wissen, ob wir Hausregeln haben.

Du [E]: She likes that you ask! So the rules are as follows: no street shoes in the house, everybody cleans up after themselves, no TV in the afternoon, homework has to be done before any free time activities, during the week nighttime is at 10 pm at the latest and on the weekends at midnight.

Du [D]: Er meint, dass sich das nicht so sehr von den Hausregeln seiner Mutter unterscheidet. Der einzige Unterschied ist wohl die Nachtruhe am Wochenende – das findet er etwas hart.

Du [E]: She thought that you might not like that one. But they aren't that strict about it, there can be exceptions. You just have to tell them early enough and follow the other rules.

Du [D]: Damit kann er leben. Er ist sowieso nicht so der Partygänger, aber man soll ja niemals nie sagen.

Du [E]: Every Wednesday we have our laundry day, so you have to bring your dirty clothes to the washroom – I'll show you where it is later.

Du [D]: Er möchte gern wissen, ob er seine Handtücher und die Bettwäsche auch dorthin bringen soll.

Du [E]: Nah, that's part of the room service.

Du [E]: The last for now is whether you have some food that you absolutely do not like.

Du [D]: Er isst eigentlich alles, was auf den Tisch kommt. Das Einzige, das er nicht so arg mag, ist Kohl.

Du [E]: That's it for now, so we can go and do our stuff now.

Du [D]: Danke nochmals, dass er hier sein darf, bis später.

5. Wedding in England

a)
- Jürgen und Gwen heiraten (2023)
- eine formelle Einladung kommt noch per Post
- die Hochzeitsfeierlichkeiten finden in Portwrinkle statt
- sie haben ein Kontingent an Zimmern vorreserviert
- mitteilen, ob wir in einem der Hotels übernachten wollen
- ob wir besondere Ernährungsbedürfnisse haben
- freut sich, von dir zu hören

b)
- (mother) is very happy for them
- family is in England anyway at the time of the wedding
- (family) is staying in Plymouth, so no need of hotel
- we have a car, getting there is fine
- mother is a vegetarian, which should be no problem

6. Volunteering at the local food bank

Du [E]: Can you just show up to volunteer or do you have to schedule in advance?

Du [D]: Alle Freiwilligen müssen sich vorher registrieren lassen, damit sie sicherstellen können, dass sie genug Arbeit haben.

Du [E]: Can I register as an individual as well?

Du [D]: Absolut, obwohl sie junge Leute ermutigen, einen oder zwei Freunde mitzubringen. Es macht mehr Spaß mit Freunden!

Du [E]: What should one wear?

Du [D]: Aus Sicherheitsgründen müssen alle Freiwilligen geschlossene Schuhe tragen. Sportliche Kleidung, wie Shorts oder Jeans und T-Shirts im Sommer oder Sweatshirts im Winter, sind zu empfehlen.

Du [E]: Carol, thank you very much for coming and the information.

2. Words and structures

1. Volunteering

❶ Are	❷ good	❸ opportunity	❹ younger	❺ playing
❻ meet	❼ become	❽ helps	❾ life	❿ who
⓫ self-esteem	⓬ builds	⓭ Sometimes	⓮ change	

2. Renting an apartment

❶ therefore	❷ First of all	❸ should	❹ public
❺ Many	❻ types	❼ will be	❽ landlord

3. New Zealand

1 Ocean 2 melting 3 unique 4 monarchy 5 of 6 coastline
7 poisonous 8 fly 9 have 10 diversity 11 which 12 knowing

4. Urban Agriculture

1 distributing 2 within 3 have
4 come 5 than 6 provides

5. Letter 1

1 have 2 am 3 have 4 How 5 often
6 when 7 much 8 looked 9 experience

Letter 2

10 are 11 to 12 pick 13 need 14 time
15 Before 16 call/ring

D. Text Production

1. Write an e-mail.

From: lenaknolle@yahoo.com
To: monsterdog16@mail.com
Subject: Holiday News

Dear Sara

Thanks for your last e-mail. How are you? Are you already in France for your vacation?
At the moment I'm on a summer camp with some of my friends. We are on the island of "Rügen", which is Germany's largest island. It's located on the northeast coast.
We are staying at a camping-site close to the island's national park. It's really beautiful here and we already did lots of outdoor activities like climbing, cycling and hiking. The only pity is that the sea is too cold to go for a swim. Yesterday we dared to go in once, but it was so cold, we nearly run out again. I attached a photo I took at the famous "Chalk Cliffs" – you can see me and my friends Jana and Lisa.
I'm looking forward to hearing from you soon.

Best wishes
Lena

2. Write a story.

It was the first time I went to a live show. There were so many people and everybody was in a great mood because we were all expecting a fabulous show. And we were not disappointed. Before Robbie Williams came on stage there were huge fireworks and then suddenly with a loud bang he literally came through the floor. The crowd shouted, yelled and screamed at that point and when he started with the song "Let me entertain you" they all got crazy. The show went on for two hours. It was pure fun and absolutely great entertainment with all his greatest hits. In the end I knew I would never forget that evening.

3. Continue the story.

... "No I haven't seen him." "Me neither," I answered. Nervously we looked around us and remembered the rule our teacher had told us. What should we do? We called for him, we searched everywhere, but he was nowhere. Where could he have gone? Had he been kidnapped? Oh God, we started thinking in worst-case scenarios and really panicked, after another half an hour had gone by and he was still missing.
Depressed we walked back and prepared ourselves to tell our teacher what had happened. But when we walked up to our tents a freshly showered Peter came towards us, a big grin on his face, "Where have you been so long? I thought you got lost." "When I lost you I turned round and came back here." "After all, our teacher did tell us not to wander off alone, didn't he?" We were really angry with him for scaring us so much and walked past him without a word. He had a lot of apologising to do until we would be friends again.

4. Write the story behind the picture.

The summer of friends

Looking at the picture I get lots of great memories. It was the summer of the Football World Championship. All over Germany fans were enjoying the so-called public-viewing, where the atmosphere was unbelievable and people from all over the world were becoming friends although they often cheered for different countries. I was lucky to be in Berlin, so I got the chance to see the German football team live on stage at Brandenburger Tor. I still get goose bumps just thinking about this moment. I can't remember anything else to compare it to. It still amazes me that one little round ball can fascinate and connect thousands, no millions, of people.

5. Write an e-mail.

From: mar113@gmx.de
To: hotel.ver@star.it
Subject: Stay at your hotel

Dear Sir or Madam

Last night I saw an advertisement about your hotel on the Internet. Since we are planning to spend our holidays in Italy, I would like to have some more information about your hotel. My friend and I would like to stay from October 10th to October 18th. Are there rooms available during this period of time? Have you got any special student allowances? We will travel by train. Could you give us some information on how to get to your hotel?
Thanks in advance for your help.

Yours
Marie Schnabel

6. Write a letter.

Dear Jason

Thanks very much for your last letter, which I received today. Since I've really wanted to tell you about my last holidays, I sat down right away to write back.
During our last holidays a friend of mine and I decided to rent us some scooters to drive around the countryside. We drove through all these narrow roads. We were held up by sheep and found places which were so deserted that they looked like being from another century. It was really great and so much fun that we immediately decided we'll definitely do that again next year.
Looking forward to hearing from you again soon.

Yours
Stefan

7. Write a keyword story.

This year my family and I signed up for an exchange student when my school asked for guest families. I was very excited to meet the student, who was a girl from Farnborough near London. I had already had some e-mail contact with her and we had told us a lot about our hobbies, interests, school etc. One of Marla's hobbies among others was dancing, which suited me very well because I love to dance too. So we agreed that on the weekends we would go to some clubs in my hometown. Besides this Marla was a bit disappointed that she had to go to a language course in the afternoon during the week, but her headmaster had demanded it. Then finally, after weeks of e-mail correspondence, she arrived and it was just like meeting an old friend. It was great and I'm sure we will have the time of our lives.

A. Listening Comprehension

Part One: News Items

Item 1: Rapunzel

a) ☑ shorter than she is.
b) ☑ has to hold her hair when walking.
c) ☑ suffer because of her hair.
d) ☑ the saltwater ruins her hair.

Item 2: Big Ben marathon runner

a) ☑ 3 hours 34 minutes.
b) ☑ of his costume.
c) ☑ crawled over the line.
d) ☑ Berlin.

Part Two

Survey: Eating insects

Julie	David	Mia	Archie	Katy	Dora	Jenna
C	H	F	E	B	A	D

Part Three

Interview: Ross Edgley's Great British swim

how far Ross swam	2,885 km
one of Ross' other world records	▶ longest rope climb (8,800 metres in 19 hours) ▶ running a marathon pulling a (small) car
when Ross started his swim	1st June
one reason why the swim took longer	▶ (Sometimes there were) high waves / strong currents. ▶ (The) cold forced him to slow down. ▶ (The) weather was unpredictable.
swimming routine	(He always) swam for six hours and then slept six hours.
where Ross slept	on the (support) boat
one difficulty Ross experienced	▶ (open) wounds (on his body) ▶ jellyfish stings ▶ (He) damaged the muscles in his shoulder.
what food he ate to get energy (one detail)	▶ rice pudding ▶ pizza ▶ bananas ▶ pasta
how he felt when he arrived back in Margate	(He) started to cry. / (He was really) emotional.
current plans (one detail)	(He wants to) ▶ adapt to normal life (again). ▶ stay warm and dry. ▶ learn to use his feet again for walking. ▶ look for the next adventure.

B. Reading Comprehension

1. Match the correct headings.

part of the text	1	2	3	4	5
heading	F	A	G	D	E

2. Tick (✓) the right statements.

a) ☑ use almost all parts of an animal.
b) ☑ gently.
c) ☑ by travellers.
d) ☑ at any time.
e) ☑ writer.
f) ☑ five years after Burns had died.
g) ☑ vegetables.
h) ☑ into the sauce.
i) ☑ Scottish music.
k) ☑ at the end of the evening.

3. Read the text and answer the questions.

a) ▶ big sparkly chandeliers
▶ huge inside
▶ very many rows of cushioned seats
▶ red velvet walls
▶ a wide aisle
▶ a giant stage

b) (They are in) fifth / 5th grade.

c) (They should sit) in alphabetical order.

d) (He says that) she looks awesome.

e) Because of the long program. / Mr Jansen's speeches are always extremely long. / Summer's mom dozed off last year.

f) The students do not sit down / forget that they are supposed to be sitting in alphabetical order. / She is annoyed because the children are not listening to her. / There are a lot of things to get through (during the ceremony).

g) He looks confused. / He looks at Mrs Rubin blankly. / He says, "I am?" / He is looking as if he has just played a joke on somebody.

h) He is surprised at how attractive Summer is but he does not want anyone to know about his crush on her.

i) (He is referring to) those highly intelligent students who always get the best marks.

C. Use of Language

1. Mediation

a) Zwei Hauptanliegen:
- Der Vermieter möchte dich darüber informieren, dass das von dir gebuchte (Standard-) Wohnmobil leider nicht zur Verfügung steht.
- Der Vermieter bietet dir aber als Ersatz ein kleineres / Compact Wohnmobil an.

Fünf weitere wichtige Informationen (hier sind noch mehr zur Auswahl):
- In dem Ersatzfahrzeug können drei Personen schlafen.
- Der Tisch lässt sich in ein Bett verwandeln.
- Der Raum oberhalb der Fahrerkabine lässt sich in ein Doppelbett verwandeln.
- Das Ersatz-Wohnmobil ist nur 2,3 Meter breit.
- Das Ersatz-Wohnmobil ist wegen seiner kompakteren Größe besser für Wohnmobilanfänger geeignet.
- Auf engen Straßen lässt sich das Ersatz-Wohnmobil leichter fahren.
- Auch das Parken ist mit dem Compact Wohnmobil einfacher.
- Als Ausgleich für das kleinere Wohnmobil sind in dem neuen Angebot 300 Freimeilen sowie (ansonsten kostenpflichtige) Küchenutensilien enthalten.
- Da es viele Anfragen für diesen Zeitraum gibt, ist eine zeitnahe Antwort erwünscht.

b) Hauptanliegen:
- My uncle will accept the new offer / agrees to book the Compact RV.

Vier weitere wichtige Informationen bzw. Fragen (hier sind noch mehr aufgelistet):
- My uncle dislikes that the Compact RV is smaller than the one he had originally booked.
- Does it take long to set up / prepare / make up the beds?
- Does this RV use less gas than the one that had originally been booked?
- My uncle is 1.95 metres tall – is the RV high enough for him to stand in an upright position?
- Is the bathroom big enough for a tall person to have a shower comfortably?
- Does this RV need less gas?

2. Words and structures

(1) minutes
(2) displays
(3) senses
(4) their
(5) used
(6) about
(7) quickly
(8) are trained
(9) at
(10) who
(11) participants'
(12) how
(13) crime

D. Text Production

1. What is the story behind the picture?

12-year-old Lenny and his best friend Archie are sitting on brick stone steps, presumably in a park. It must be a warm and sunny day because the two boys are dressed in light, casual clothes. Lenny is sitting relatively straight, whereas Archie is bending over, with his head hanging between his knees.

Both boys are staring at their smartphones. While Lenny seems to be reading a message, Archie appears to be absolutely absorbed by what he is doing or watching on his smartphone. It is hard to tell what the boys' thoughts are, but they both seem to be disconnected from what is going on around them because of their smartphone activities.

The next thing that may happen is that one or both of them will respond, in one way or another, to whatever is displayed or happening on their smartphone screens. Perhaps they will show their smartphones to each other so as to share their emotional responses with one another.

2. The importance of travelling

Travelling to other places or countries is very interesting and important. Unfortunately, the only foreign country I have travelled to so far is France. Last year our French class took a trip to Paris. I loved Paris because of its historic sights, beautiful buildings and delicious food. Moreover, I happened to witness a photo shooting with Brad Pitt in front of the Eiffel Tower, which was the most exciting thing I have ever experienced.

There are lots of countries I would like to visit. Canada would be my first choice because I love languages. In Montreal, for example, I could improve both my English and my French. Travelling not only helps you to practise your language skills, it also enables you to learn about the natural landscapes and cultural backgrounds of other countries, which can significantly broaden your horizons.

There are some negative aspects of travelling, too. Using planes or cars, for instance, impacts our global climate in a very bad way. Furthermore, mass tourism can have harmful ecological and social effects because tourists sometimes fail to respect local traditions or rules of decent behaviour.

A. Listening Comprehension

Part One: News Items

Item 1: Pancake race

a) ☑ before
b) ☑ had discovered some old photographs.
c) ☑ wear something on your head.
d) ☑ finishes at the church.

Item 2: Missing black cat

a) ☑ to a new house.
b) ☑ 15 years ago.
c) ☑ looked after at an old people's home.
d) ☑ he has shiny eyes.

Part Two

Survey: Video gaming

Kieran	Helena	Nina	Jordan	Mrs Townsend	Annie	Macaulay
C	**G**	**A**	**D**	**B**	**F**	**H**

Part Three

Interview: Night rider

Sunny's age	55
year he came to Britain	1998
why he had to leave Nigeria	he had been given the death sentence as a political prisoner
why he spent the night on buses	▶ as an illegal immigrant, he was homeless for over twenty years ▶ he discovered that London night buses were safer and warmer than the streets ▶ the centres for homeless people were often overcrowded
best place to sleep on a double-decker bus	downstairs at the back of the bus
why it was difficult to sleep on a bus (two details)	▶ constant movement of the bus ▶ neon lights ▶ noisy travellers ▶ humming sound of the engine
why Sunny did not have the right to stay in the UK	he had no proof that he had lived in the UK for more than twenty years
what a bus driver did to help	he wrote a letter of support for Sunny
how he feels today	happy; glad; overjoyed

B. Reading Comprehension

1. Match the correct headings.

part of the text	1	2	3	4	5
heading	E	F	G	A	C

2. Tick (✓) the right statements.

a) ✓ decreased.
b) ✓ has a traditional job.
c) ✓ £250
d) ✓ want to concentrate on their education.
e) ✓ have no work experience.
f) ✓ at a construction site.
g) ✓ need help to adjust to the workplace.
h) ✓ employers
i) ✓ be more flexible.
k) ✓ have never had a job.

3. Read the text and answer the questions.

a) Her hands shake / start shaking.
b) (You can buy things like) tablecloths, painted plates, letterpress notecards, handcrafted artisan jewelry.
c) She speaks in a (comically) high / squeaky voice.
d) They are tall, big-boned, with thick-framed glasses. / They have (brightly colored, amazingly intricate) tattoos up and down their arms.
e) (Because) Molly and Reid / they are (about) the same age.
f) (Because in Molly's view) Reid's style, which is characterised by a Lord of the Rings T-shirt and "electric" white sneakers, does not at all fit in with his parents' style, which she associates with punk rock, "badass" and tattoos.
g) (Molly means that) the Wertheims are polite and friendly, but at the same time they can see right through you and read all your thoughts.
h) (Because) she wants to avoid coming across as incompetent / the impression of being incompetent or making any mistake on the very first day in her new job.

C. Use of Language

1. Mediation

- How long have you been doing YouTube videos, and why did you start doing them in the first place?
- Sie macht das schon eine ganze Zeit lang. Angefangen hat sie mit ihrem YouTube-Kanal vor etwa vier Jahren. Anders als die Leute manchmal glauben, hat sie dabei aber weder an Geld noch an Ruhm gedacht. Sie hat schon immer gerne andere Leute unterhalten und glaubt, dass dies einfach das Richtige für sie ist.
- Can you make a living from your YouTube channel?
- Davon kann sie nur träumen. Sie macht die Videos neben ihrem normalen Job.
- What is the driving force for you to produce ever new videos all the time?
- Das ist wirklich einfach zu erklären. Sie tut es, weil es ihr Spaß macht. Zum Beispiel gefällt ihr der gesamte kreative Prozess, angefangen vom Ausdenken neuer Ideen, über das Drehen des Films bis hin zum Bearbeiten des Filmmaterials. Die Reaktionen ihrer Zuschauer zu sehen ist allerdings das, was sie wirklich bei der Stange hält.
- Could you tell us about some of the typical responses from your viewers?
- Sie liebt es, mit ihren Zuschauern zu kommunizieren. Einige von ihnen haben ihr Zeichnungen zugeschickt, die sie für sie gemacht haben. Viele senden ihr Fanpost, in der sie ihr mitteilen, wie sehr ihre Videos sie inspiriert haben, etwas Neues auszuprobieren. Dies sind die Momente, in denen sie ihre Arbeit als besonders lohnenswert empfindet.
- Thank you for this informative conversation. You have gained a new fan today, namely Sabine.

2. Words and structures

(1) Since
(2) People
(3) were coming
(4) On
(5) like
(6) Nobody
(7) off
(8) pollution
(9) where
(10) doesn't

D. Text Production

1. What is the story behind the picture?

Waiting in front of a check-in counter at Frankfurt airport, Annie and Paul Wehmeyer are video-chatting on their new smartphone, which they received a couple of months ago from their son Johannes on occasion of their golden wedding anniversary. Five minutes ago, Johannes called his parents to wish them a good trip to Paris, the destination of their "second honeymoon trip". Paris had also been the destination of their original honeymoon 50 years ago. However, back then the trip had been much less comfortable. They had gone from Frankfurt to Paris by train, and in those days, when high-speed trains had not yet been invented, the ride took 7 hours. Quite a long journey compared to today's one-hour flight.

To show Johannes how much they are looking forward to their trip, Paul is putting his arm around Annie and is giving her a kiss on the cheek, while Annie is filming the scene with their smartphone, smiling into the camera. When they finish the phone call, they will check in and walk to their departure gate. (176 Wörter)

2. Digital detox

My friend Nina said that I would not even last two days, let alone two weeks, without Internet and phone. However, believe it or not, I did stick it out. As a result, I do not have to take over Nina's babysitting job for a month without pay, which is what I would have to do if I had lost the bet.

In hindsight, I think what I missed most was the chance to follow my favourite YouTubers and the real-time accounts by my friends about their leisure time activities. At the beginning I felt miserable because of that, but after a couple of days I began to change my daily routines. I played children's games with my brother and I had interesting conversations after dinner with my parents. In fact, I quite liked that. The longer I did this, the less I missed my "digital" contacts.

Now that the experiment is over, I will try to find a better mix of "online" and "real" activities because both of them can be fun and emotionally fulfilling. (176 Wörter)

A. Listening Comprehension

Part One: News Items

Item 1: Famous auctions

a) ☑ to save money
b) ☑ $510,000
c) ☑ silver
d) ☑ an unknown buyer

Item 2: Cicadas

a) ☑ 17
b) ☑ at night-time
c) ☑ on trees
d) ☑ are eaten by other animals

Part Two

Survey: The royal family

Jeanette	Irene	Dominic	Leo	Alice	Henry	Dave
B	**H**	**E**	**D**	**G**	**A**	**F**

Part Three

Interview: Food Waste

who Julian works for	UK Food Group
amount of water needed to grow one apple	125 litres
what food waste produces	greenhouse gas / methane / biogas
where the majority of UK food waste comes from	(7.1 million tons from) homes / households
positive effect of food waste if properly recycled	creates a biogas / energy / electricity
what you can do with the energy generated from one banana skin	charge a smartphone (twice)
one tip to reduce food waste at home	(write) a meal plan / only buy what you need
what a 'use-by' date means	it's about safety / food isn't safe to eat after this date
how you freeze eggs	crack and beat them first
what some supermarkets do with unsold food	they donate it to charities / food banks

B. Reading Comprehension

1. Match the correct headings.

part of the text	1	2	3	4	5
heading	F	D	G	B	C

2. Tick (✓) the right statement.

a) ☑ Britain.
b) ☑ celebrate the new season.
c) ☑ with all needed means.
d) ☑ were injured.
e) ☑ The police
f) ☑ increase
g) ☑ varying
h) ☑ different from
i) ☑ play football in the afternoon at weekends.
k) ☑ shortening letters of a word and adding others.

3. Read the text and answer the questions.

a) Trevor needs to up his game / He cannot go to the dance looking the way he does / Trevor has a date.
b) She gives him 2.000 rand / money.
c) You only buy one expensive item and the rest must be basic, good-looking quality stuff.
d) ▶ black pants
▶ suede / square-toed shoes
▶ a cream-white knitted sweater
▶ a black leather jacket
e) He talks to some girls from his street / from Alexandra.
f) His hair must be relaxed / His hair is like sheep's wool.
g) She says he looks like a girl / his hair looks too pretty.
h) She is keen for / supports her son to go to the dance / to look good at the dance.
i) He realizes that women go through a lot of trouble / pain to look good.

C. Use of Language

1. Mediation

- Deutsch: Er ist sehr dankbar, dass wir ihn mitnehmen (1). Er hat schon zwei Stunden in der Hitze gewartet (1).
- Englisch: Isn't it illegal to hitchhike in the United States (1)?
- Deutsch: Es ist illegal am Rand der Autobahnen zu stehen und Autos anzuhalten (1). Aber in den meisten Bundesstaaten darf man an den Einfahrten zu den Autobahnen stehen (1).
- Englisch: Don't you think it is dangerous (1)?
- Deutsch: Er hat die Erfahrung gemacht, dass man sich nicht zu viele Sorgen machen muss (1). Die meisten Menschen, die er getroffen hat, waren freundlich, faszinierend und hatten viele unterhaltsame Geschichten zu erzählen (1).
- Englisch: What are your most important safety rules (1)?
- Deutsch: Er sagt, es sei wichtig, selbstbewusst zu wirken, deshalb schaut er den Fahrern immer in die Augen und lächelt sie an. Außerdem steigt er nicht in jedes haltende Auto ein und vertraut auf seine Instinkte (1). Am wichtigsten ist ihm, dass er immer ein Foto vom Heck des Autos macht und auf seinem Twitteraccount veröffentlicht (1).
- Englisch: What has been your funniest experience so far (1)?
- Deutsch: Das war vor zwei Tagen, als er während der Fahrt einen ganz süßen Welpen auf dem Schoß hatte (1). Der Welpe war reisekrank und pupste deshalb die ganze Zeit (1) (sie mussten mit geöffneten Scheiben fahren).

2. Words and structures

(1) has reached
(2) world's
(3) were
(4) in
(5) whose
(6) for
(7) head
(8) assisted
(9) few
(10) from
(11) way

D. Text Production

What is the story behind the picture?

1. **You are in quarantine!**
Like many other people during the pandemic, my two roommates, Zara and Zadie, and I had to go into quarantine. We all had positive test results but no symptoms. At first, we thought it was pretty fun, exciting and relaxing to get a break from the fast-paced world out there and made the most of it. We put on our party hats in the morning and played music, danced, and had a great time. But on the third day of quarantine, we realized that we could not celebrate Zadie's birthday with all of our friends, because we were locked up, doomed to spend the birthday as a threesome. This hit us really hard and threw us off track for a short time. Zara and I finally decided to organize a Facetime birthday party behind Zadie's back. We sent the recipe of Zadie's favorite cocktail to our best friends so they could get prepared. Facetime birthday parties can be awesome! Just do it! (161 words)

2. **Social experiment**
Why can girls wear clothes for boys but not the other way around? As part of a school project, me and my friends from Hogwarts High School took a closer look at society. One thing caught our attention. It doesn't seem to be a problem when girls put on clothes that are actually made for boys, but most people, and that included us, too, seem to have a problem when guys put on clothes that are actually meant for girls. In a self-experiment, we observed the following results in ourselves and others. I first felt unmanly for putting on women's clothes and wondered where that feeling came from. I resisted it and at a certain point I found it nice and comfortable to wear dresses. My friends and I decided to go to school the next day wearing the school uniform for girls. We took notes of the reactions of our classmates and teachers. This action has irritated many people and brought them to the limits of their tolerance, but in the end, we were praised for this great experiment. (182 words)

3. **The school of the future**
The motivation and thus also the performance of students decline from year to year. What is the reason for this? What can be changed so that children and young people do not lose their fun in learning? My ideal school would give children and young people many choices so that they could learn according to their interests. The students would be given a certain number of hours that they have to achieve within the week, but they could decide for themselves when they come and when they leave. There would be compulsory subjects and modules that must be worked through in self-directed learning. This way, students could decide when to work on which content and at what pace. The classroom would be more like a shared learning space, like an office. Teachers would be outside these "offices", offering support. In addition, all students would be equipped with tablets or laptops and had access to digital learning opportunities created by the teachers. I am sure that this form of teaching would lead to more responsibility, motivation, and willingness to learn. (185 words)

Notizen